JN419020

# 선진국
# 원년의 한국

김제방 역사서사시집

문학공원 시선 202

# 선진국 원년의 한국

김제방 역사서사시집

## 대한민국 역사를 보여주는 詩

감사할 줄도 알아야 한다. 배은망덕(背恩忘德)한 국민이 되어서는
더욱 안 될 것이다. 과오가 없는 위인은 없다고 했다.
부족하지 말며 넘치지도 말며 지혜로서 우리의 행복을 지켜나가야 하는 것이
선진국민의 자세일 것이다.

문학공원

<서문>

# 감사할 줄 알아야 한다

우리나라는 1961년 5·16혁명을 계기로 아주 빠른 속도로 발전해, 지금 국민소득 3만 달러 시대를 살고 있다. 박정희 대통령의 선산업화(先産業化) 후민주화(後民主化)의 국가발전전략은 세계를 놀라게 해 '20세기의 기적'으로 칭송받으면서 대한민국은 10대 경제대국으로 도약할 수 있었다. 지난해에는 국민소득 3만 달러 인구 5천만 명 국가 클럽에 가입해 미국·일본·영국·독일·프랑스·이탈리아에 이어 일곱 번째 국가가 되었고, 드디어 2021년 7월 2일 선진국(先進國) 대열에 합류하게 되었다.

그 엄청난 발전과정에서 공인회계사의 한 사람으로 1970년대 중동 건설 붐에 편승해 해외출장 기회가 많았던 것은 행운이었다. 이때부터 호기심을 가지고 세계사를 공부하게 된 계기가 되었다.

중동은 이집트문명, 메소포타미아문명의 발상지로 고대 오리엔트 역사의 화려함을 이어받아 페르시아(이란)가 중동을 통일하였다.

기원전 334년 마케도니아의 알렉산더가 그리스를 평정한 여세를 몰아 페르시아 원정이 시작되었다. 동양과 서양의 대결로 페르시아가 패망하고 동서양을 아우르는 헬레니즘시대가 열렸다. 기원전 323년 6월 32세의 알렉산더 대왕이 사망하고 그의 후계자들이 3개의 정복왕조를 탄생시켰다.

푸톨레마이오스 왕조 – 이집트·남아시아 지역.

셀레우코스 왕조 – 시리아·이스라엘 등 아시아 지역.

안티노고스 왕조 – 마케도니아·그리스 지역.

이 3개 왕조 중 이집트의 클레오파트라의 역사는 요란했다. 우리는 흔히 클레오파트라를 이집트 사람으로 알고 있는데 실은 마케도니아·그리스 혼혈인이다. 이들 왕조는 약 300년을 지탱하다가 모두 로마에 정복당하고 세계사는 요동치기 시작했다.

이 헬레니즘시대를 거쳐 로마로 옮겨가는 세계사는 기독교문화를 개화시켰다. 서기 392년 그리스도교를 국교로 정한 로마 티오도시우스 황제는 395년 로마를 쪼개 장남에게 '동(東)로마'를, 차남에게 '서(西)로마'를 주었다.

그러나 서로마제국은 476년 게르만족에게 멸망했다. 동로마제국은 1453년 터키에 멸망했고, 동로마의 수도 콘스탄티노플은 이스탄불로 바뀌어 터키의 수도가 되었다. 그러는 사이 사우디아라비아에서 마호메트(Mahomet: ?-632)가 탄생한다.

일찍 부모를 잃은 양치기 소년 마호메트가 청년이 되

면서 시리아·메소포타미아로 장삿길을 떠난다. 밖에서 오리엔트 문화를 만난 마호메트, 자기 나라 문화가 뒤처져 있음을 가슴 아파했다. 아라비아인들은 사막에서 단련되어 용감하고 전투적이고 강인한 기질에 술을 좋아하고 무속을 숭상해서 거석(巨石)과 신목(神木)에 기도를 했다.

마호메트는 무지한 백성들을 바른 길로 인도하고 아라비아인 전체의 양민화를 위해 종교의 힘을 빌리기로 했다. 마호메트는 외지로 장사를 다니면서 그리스도교·유대교에 대한 지식을 쌓고 중년에 이르러 알라신의 예언자가 되라는 계시로 새로운 종교 이슬람교를 탄생시켰다.

새로운 종교는 메카에서 용납되지 않아 박해를 피해 서기 622년 7월 15일 메디나로 도망하니 이를 헤지라(Hegira: 聖遷)라고 하여 서기 622년은 이슬람의 원년(元年)이 되고 있다. 메디나에서 포교에 성공한 마호메트는 서기 630년 메카를 탈환하고 우상숭배의 중심지 카바에 흑석(黑石)만 남기고 모두 추방, 이슬람교의 신전이 되었다. 마호메트는 스스로 재판관이 되어 알라신의 신정정치를 선포했다. 632년 마호메트사후(死後) 그의 계승자를 칼리프(Caliph)라 했다.

칼리프들은 정치·신앙 상 이슬람세계에서 가장 높은 신분으로 첫째 사명은 이슬람을 전파하고 영토를 넓히는 것이었다. 칼리프들은 아라비아는 물론 서남아시아·아프리카를 정복하고 다시 스페인까지 영토를 확장해

고대 로마제국에 버금가는 대제국을 건설했다. 이를 '사라센(Saracen)제국'이라 했다.

사라센은 '사막의 아들'이란 뜻으로 유럽인들이 붙인 이름이지만 후일 동서로 나뉘어 동쪽은 바그다드를 수도로 상업과 문화를 고도로 발전시켰다.

서쪽 사라센의 수도는 스페인 코르도였다.

사라센제국은 이집트·메소포타미아·페르시아의 문화, 그리스·로마문화가 남아있는 지중해와 멀리는 당나라·인도까지도 왕래하였다. 이렇듯 사라센제국에는 여러 가지 문화가 모여들어 서로 어울리면서 우수한 문화를 탄생시켰다. 동(東)과 서(西)로 갈라졌던 사라센제국, 동국은 셀주크 터키인이 지배했으며, 이들은 유럽인들의 예루살렘 성지 순례를 방해하다가 1096년 제1차 십자군전쟁이 일어났다.

1147년 제2차 십자군전쟁 때는 이슬람의 위대한 살라딘(Saladin: 1169-1193)이 이집트와 시리아의 지배자가 되어 위세를 떨치고 있었다.

1291년에 약 200년에 걸친 8차의 십자군 전쟁이 끝나게 되었다. 유럽에서는 십자군운동이 실패로 끝남에 따라 일반 신도들은 더 이상 신이나 성직자를 절대적인 존재로 보지 않게 되었다. 차츰 신앙도 식어가고 있었다.

특히 원정 도중 나타난 교황의 권위가 떨어져 교회의 위신이 치명적인 손상을 입게 되었고 죽음의 공포에서 벗어나기 위해 만들어진 종교가 오히려 많은 목숨을 앗

아갔고, 종교가 사회분열의 원인을 제공하고 있다는 사실은 앞으로도 풀어야할 숙제로 남게 되었다

동 제국 셀주크 터키는 13세기 중국을 정복한 칭기즈칸에게 망하고 일한국(一汗國)이 되었다. 이란의 북부도시 다브리즈가 수도였다. 서제국은 15세기 말엽 스페인에게 망했다. 서남아시아에서 이슬람교를 믿었던 오스만터키는 소아시아를 중심으로 유럽 발칸반도까지 뻗고 1453년 동로마제국의 수도 콘스탄티노플(이스탄불)까지 공격해 동로마를 멸망시켰다. 이슬람 세계가 이렇듯 화려했음에도 마호메트 이전의 아라비아는 암흑시대로 표현될 만큼 미개한 사회였다.

중동 역사에 매료되어 세계사를 거쳐 한국현대사에 이르면서 우리 현대사가 얼마나 자랑스러운지 알게 됐다. 제2차 세계대전 이후 이렇게 급속하게 발전한 경우는 세계적으로도 한국이 유일하다고 했다.

지난 5천 년의 인류역사는 서서히 발전했다. 그러나 지금은 그 발전 속도가 빨라지고 있다. 아차! 실수하는 날이면 곤두박질칠 수도 있다. 나라의 미래를 걱정하는 위정자라면 역사의 흐름을 올바르게 알아야 한다.

역사는 내 편 네 편이 따로 없다.

그런데 지금 우리는 좌우이념 갈등으로 소모적인 역사전쟁을 벌이고 있다. 누구를 위한 논쟁인가? 지금 그럴 때가 아니니다. 압축성장(壓縮成長) 과정에서 다소 부족하고 불만스러운 점이 있어도 긍정적으로 보는 너그러움이 있어야 한다.

감사할 줄도 알아야 한다. 배은망덕(背恩忘德)한 국민이 되어서는 더욱 안 될 것이다. 과오가 없는 위인은 없다고 했다. 부족하지 말며 넘치지도 말며 지혜로서 우리의 행복을 지켜나가야 하는 것이 선진국민의 자세일 것이다.

차 례

## 제2장 공인회계사 인력난

차 례

## 제3장 노·전 대통령 별세

## 제4장 유토피아는 없다

차 례

## 제5장 박근혜 대통령 님

## 제6장 제20대 비호감 대선

# 제1장
# 2021 선진국 원년

## 김경수 징역 2년 확정

2021년 7월 2일 스위스 제네바
유엔본부에서 열린 제68차 무역개발회의는
한국을 A그룹(아시아·아프리카)에서
B그룹(선진국)으로 옮기는 안건을
만장일치로 통과시킴으로써
우리나라는 선진국이 되었다
대한민국 선진국 원년(元年)이 된
2021년 7월 21일
'드루킹 댓글 여론조작' 사건에 연루된 혐의로
재판에 넘겨진 김경수 경남지사에 대해
대법원 2부(주심 이동원 대법관)는
김 지사의 상고심에서 징역 2년을 선고한
원심을 확정했다
이로써 김 지사의 '댓글조작 공모' 재판은
허익범 특검이 2018년 8월 김 지사를
불구속 기소한지 3년 만에 마침표를 찍었다
2017년 대선 당시 문재인 후보의 최측근이자
'핵심'으로 불리던 김 지사의 유죄확정으로
향후 여권의 정치지형도 영향을 받게 되었다
청와대는 "언급할 것이 없다"고 했지만
민주당은 공식입장을 통해 "아쉬움이 크다

그럼에도 대법원의 판결을 존중한다"고 밝혔다
야당인 국민의힘과 야권 주자들은
문재인 정권 출범의 정당성(正當性)과
정통성(正統性)을 거론하며
문재인 대통령과 민주당의 사과를 요구했으나
묵묵부답으로 일관하고 있다

# 2020 도쿄올림픽

환영받지 못한 올림픽
2020 도쿄올림픽은 코로나19 영향으로
개최가 1년이 연기됐다
7월 23일 개막을 앞두고
여전히 상황이 나아지지 않으면서
일본 내에서도 거센 반대 여론에 부딪히고 있다
이번 올림픽은 코로나19(COVID19)로 인한 혼란(Chaos)
자국 국민에게조차 냉대(Coldness)를 받는
'3C' 올림픽이 될 것으로 전망된다
코로나19의 엄중한 상황은 이번 올림픽을
세상에 없던 대회로 바꿨다
사상 첫 무관중 대회다

# 이준석의 비빔밥

비빔밥하면
우선 밥에다가 고사리·시금치·당근·콩나물 등
채소와 고추장·계란·참기름을 첨가해 비빈 게
비빔밥이다
국민의힘 이준석 대표가 대선후보 여론조사
1위를 넘나드는 윤석열 전 검찰총장을
당근 정도로 언급해 논란이 되고 있다

## 26번째 부동산대책

문재인 정부의 26번째
부동산 대책은 국민을 향한 협박과 호소였다
집값이 큰 폭으로 떨어질 수 있으니 사지 말라고 하고
시장 교란행위는 엄단하겠다고 했다
부동산 실정(失政)에 대한 반성은 없이
집값 급등 이유를 국민의 기대심리와
투기수요 탓으로 돌렸다
홍남기 부총리 겸 기획재정부장관이
관계부처 수장들을 모아놓고
부동산 전반에 대한 대책과 입장을 발표하는
자리에서였다

## 윤석열 국민의힘 입당

야권 대선주자 지지율 1위인 윤석열 전 검찰총장이
7월 30일 국민의힘에 전격 입당했다
그의 입당으로 내년 3월 대선은
여야 일대일 맞대결 구도로 치러질 가능성이 커졌으며
당내 주자들의 검증공세도
치열해질 것이란 전망도 제기되고 있다
또한 이명박·박근혜 전 대통령 수사와 구속에 대한
책임논쟁이 본격화할 것이란 관측도 적잖다
그리고 이준석 대표가 여수 출장 중
기습 입당한 것을 두고
'이준석 패싱' 논란이 일고 있는데
내부 갈등(葛藤)으로
이어지는 게 아닌가하는 우려도 있다

# 양궁 첫 3관왕 안산

안산(20·광주여대)이 7월 30일
일본 도쿄 유메노시마 공원 양궁장에서 열린
2020 도쿄올림픽 양궁 여자 개인 결승에서
금메달을 차지했다
안산은 준결승과 결승에서 연속 슛오프를 치르는
숨 막히는 접전에도 두 번 모두 10점을 쏘아
강심장을 과시했다
안산은 혼성전(김제덕)과 여자단체전에 이어
개인전까지 휩쓸며 한국 선수로서는
첫 하계올림픽 3관왕에 올랐다
김제덕(17)은 혼성전과 남자단체전에서 우승함으로써
2관왕이 되어 신예들의 활동이 빛을 발휘하였다
5개 종목에서 4개 종목을 휩쓴 남녀 양궁팀
오진혁·김우진·김제덕·강채영·장민희·안산 등
남녀선수들은 8월 1일 귀국했다

## 2020 도쿄올림픽 폐막

전 세계적인 코로나19 대유행으로
1년 늦게 열린 2020 도쿄올림픽이
17일간의 대장정을 마치고 8월 8일 막을 내렸다
한국 대표팀은 금메달 6개·은메달 4개·동메달 10개로
미국·중국·일본·영국·러시아·호주 등에 이어
16위를 기록했다

# 세월호 9번째 특검

2016년 4월 16일 세월호 참사 당시
폐쇄회로(CCTV) 증거조작 의혹을 수사한
이현주 특별검사팀이 8월 10일
"조작은 없었다"며 관련 의혹을 모두
무혐의 처분했다
이번 특검은 참사 직후 검찰수사를 시작으로
7년 동안 국회·감사원 등에서 이어진
9번째 수사 및 조사였다
특검팀은 또 DVR과 관련한 청와대 등
정부 대응의 적정성 의혹에 대해서도
"범죄 혐의를 발견하지 못했다"고 밝혔다
90일간 활동을 마친 특검은 기자회견에서
"진상규명을 위해 최선을 다했다"고 했지만
유족들은 "의혹을 충분히 규명하지 못했다"며 반발했다

## 암담한 국민의힘

'나발나발' 이준석과 '도리도리' 윤석열의
갈등설이 가관이다
8월 11일 친윤계 정진석 의원은 페이스북에
"남을 내리누르는 게 아니라 떠받쳐 올림으로써
힘을 기를 수 있다는 것
이것이 진정한 현실 민주주의"라고 쓰자
곧장 이준석 대표는
"후보들 곁에 권력욕을 부추기는 하이에나가 아니라
밝고 긍정적인 멧돼지와 미어캣이 있었으면 좋겠다"고
받아쳤다
이날 오후엔 이준석 대표의 과거 영상물이
정치권에 돌았다
3월 6일 유튜브채널 '매일신문 프레스18'에
이 대표는 "이러다가 안철수가 서울시장이 되고
윤석열이 대통령이 되면 어떡하냐 이러더라고
지구를 떠나야지"라고 말했다
영상에는 "윤 전 총장이 '너 와라'하면
어떡할 거냐"는 질문에
이 대표가 "난 대통령 만들어야할 사람이 있다니까요
유승민이라고…

# 20년 아프간전쟁 끝

아프가니스탄의 이슬람주의 무장세력인 탈레반이
이 나라의 대부분 지역을 장악한데 이어
8월 15일 수도 카불에 진입하기 시작했다
이날 AFP 통신은 아프카니스탄 내무부가
"탈레반에 권력을 평화롭게 넘기겠다"고
사실상 백기 투항을 선언했다고 전했다
이로써 2001년 9·11테러 뒤 미군이
'항구적 자유'라는 이름으로 시작한 아프간 전쟁은
미군 철수와 친서방 정부의 항복
탈레반 세력의 부활로 막을 내리게 됐다
미국을 비롯한 서방 국가들은 카불의
대사관 인력 철수작전에 나섰다

# 도망치는 아프간 대통령

아프가니스탄의 이슬람주의 무장조직인
탈레반이 수도 카불에 접근하자
8월 15일 부인·참모진과 함께 항공편으로
이웃 우즈베키스탄으로 도피한
아슈라프 가니 대통령에 대한 비난이 쏟아지고 있다
“가니가 돈으로 가득한 차 4대와 함께 탈출했다”며
“돈이 이동을 위한 헬기에 모두 들어가지 못해
일부는 활주로에 남겨뒀다”고 했다
인도 아프가니스탄 대사관의 공식 트위터 계정은
“도망자 대통령을 위해 일했다니 부끄럽다
알라께서 배신자를 응징하시길”이라는
영문 트윗을 올렸다
트윗은 가니 대통령을 “나라를 쑥대밭으로 망쳐놓고
사기꾼 부하들과 함께 도망쳤다”고 비난했다

# 언론재갈법 통과

'언론재갈법'이라고 불리는 언론중재법이
8월 19일 국회 문화체육관광위원회
전체회의를 통과했다
선진국(先進國)으로 격상되자마자
언론악법이 제정되었다
뱅상 페레뉴 세계신문협회 최고경영자는
"한국 언론중재법안이 국회에 상정 가결된 과정을 보며
국제사회는 놀라움과 우려를 표한다
상정과정은 현재 권력을 잡은 세력의 신뢰도에 대한
심각한 우려를 낳게 하는 경고음이다"라고 했다
더불어민주당이 언론의 자유를 옥죄기 위해
민주주의마저 거슬렀다
부끄러운 다수의 횡포라는 등 반발이 거세지만
한국이 선진국(先進國)이 된 것은
문재인 정부와는 무관하다
부끄러울 것도 없고 선진국 됐다고
기뻐하는 기색을 보이려 하지도 않는다

# 조국의 그림자

여권의 언론중재법 개정의 뿌리엔
조국 전 법무부장관의 그림자가 있다
서울 서초동에서 '조국 수호'를 외친 사람들은
'검찰 개혁'과 '언론 개혁'도 요구했다
이들에겐 조국의 불공정과 일탈은 사소했고
윤석열 검찰의 철저한 수사와 언론의 비판
보도는 징벌의 대상이었다
허수아비가 된 공수처 출범으로 요란했던
검찰 개혁은 일단락됐다
대선을 앞둔 여권은 골수 지지층인
'조국 수호' 세력을 달래고 재집권을 위해
8월 25일 국회본의 처리로 밀어붙였다
'조국에게 마음의 빚을 졌다'고 한
문재인 대통령의 뜻이 담겨있는 사안이다

# 피로 물든 아프간 철군

아프가니스탄 전쟁을 끝내고
미군을 모두 철수시키려는 미국의 계획이
끝내 피로 얼룩졌다
카불 공항에서 진행 중인 대피작전 종료를 5일 앞둔
8월 26일 2건의 폭탄테러로 미군 13명을 포함해
최소 100여 명이 숨지는 참사가 발생했다
조 바이든 대통령은 이번 테러를 일으킨
'이슬람국가 호라산(IS-K)'에 대한 군사적 보복
천명을 다짐하면서 당초 정한 기한까지
대피작전은 계속한다고 밝혔다

# 아프간 특별기여자

아프카니스탄 '특별기여자' 390명이
한국에 무사히 들어왔다
공항 입국장에서는 동물 봉제 인형을 품에
안은 아이들이 단연 눈에 띄었다
젊은 부부와 자녀로 구성된 입국자의 절반
이상이 18세 미만이다
"언제 다시 만날까"
기약 없이 이들을 떠나보냈을
아프간에 남겨진 가족들…
아프간 카불공항의 높은 철조망 위로
엄마들이 갓난아기들을 던졌다
"제발 제 아기만이라도 살려 주세요"
어떤 이는 철조망 너머 영국군인의 품에 안겼지만
어떤 아기는 철조망 위로 떨어졌다
아프간 사태의 비극이었다
정부는 이번 입국자들에게 '난민' 아닌
'특별기여자'란 호칭을 부여했다
아프간 한국대사관 등에서 우리를 도왔던
공로를 인정한다는 뜻이다

## 3중고의 윤석열

윤석열 전 검찰총장이 '3중고'에 직면했다
여야를 통틀어 지지율 1위를 고수하던
파죽지세는 그새 사라지고 이젠 악재 속에
당 안팎에서 협공을 받는 처지가 됐다
첫째가 '고발사주' 의혹을 둘러싼 논란이
발등의 불로 떨어졌다
둘째 역선택 논란
셋째 지지율 정체라는 위기 요인까지 겹쳐
말 그대로 수세에 몰린 형국이다

# 요동치는 대선판

윤석열 전 검찰총장의 '고발사주' 의혹
정면돌파 반격에 이어
여당 대선 주자인 이낙연 전 더불어민주당 대표가
9월 8일 국회의원직 사퇴 의사를 전격 발표했다
이는 이재명 경기지사의 독주 흐름을 끊기 위한
승부수로 분석된다
김동연 전 부총리 겸 기획재정부장관이
8일 "대한민국을 기득권공화국에서
기회공화국으로 완전히 바꾸겠다"며
대선 출마를 공식 선언했다
국민의힘 예비후보인 홍준표 의원은
'국회의원 200명으로 감축론'을 내놓았다
본선 시작 전부터 공약이라고 하기 조차 민망한
선동적 구호에 비하면 정치권의 자기개혁론 같아
참신한 느낌마저 든다고…

# 조용기 목사 소천

단일 교회로는 세계 최대 교회를 일궜던
조용기 여의도 순복음교회 원로목사가
9월 14일 뇌출혈로 연건동 서울대병원에서
향년 85세로 소천했다
조 목사는 지난해 7월 교회 집무실에서
출입문에 머리를 부딪쳐 쓰러졌다
이후 뇌출혈 증세로 수술을 받은 뒤 입원치료를 해왔다
고인은 1936년 2월 울산시에서
5남 4녀 중 장남으로 태어났다
부유한 천석꾼 집안이었다
부친 조두천은 1950년 2대국의원 선거에 출마했다가
낙선한 일로 집안이 크게 기울었고
곧 6.25전쟁이 발발해 부산으로 피난한 고인의 가족은
혹독한 가난에 시달렸으며
부산공고에 다니던 고인은 폐결핵에 걸려
의사로부터 3년을 넘기기 어렵다는 선고를 받았다
그때 세 살 위 누나의 친구가
고인에게 성경책을 건넸다
고인이 성경을 공부하며 기도를 시작한 계기가 되어
서울 서대문에 있던 기독교대한하나님의성회
신학교에 입학했다

신학교 입학 동기생으로 최자실(1915-89) 목사를 만나
후일 조 목사의 장모가 되었다

고인은 1958년 신학교를 졸업하고 전도사가 되었고
최 목사(당시 전도사)와 함께
서울 은평구 대조동에서 가정예배를 시작했다
천막교회의 시작이었다
3년 만에 교인수가 300명을 넘었다
고인과 최 목사는 1961년 서대문에
두 번째 교회를 개척하고
62년 목사 안수를 받았다
최 목사의 둘째 딸 김성혜와 결혼하고
3년 뒤 재적 교인 수가 3,000명을 넘었다
다시 3년 뒤에는 교인 수가 8,000명을 웃돌았다
늘어나는 교인 수를 감당할 수 없게 되자
서울 여의도에 1만 명을 수용할 수 있는 교회를
신축 여의도순복음교회 시대가 열렸다
고인은 '삼중축복' '오중복음' '4차원의 영성'을 내세워
교회를 일궜다
교인 수가 78만 명에 달했다
초기에는 방언과 병자 치유를 강조하는
조 목사의 목회활동에 대해
기독교계 내부에서 이단(異端) 논쟁도 일어
기성교단에서 신랄한 비판을 받았다
당시 장로교회에서 영향력이 컸던 한경직 목사는

“여의도순복음교회의 양적 성장을 감안할 때
그 교단을 더 이상 이단으로 부를 수 없다”고
선언하기도 했다
여의도 순복음교회는 1993년 기네스북에
신도 수 70만 명으로 세계 최대 교회로 등재됐다

## 혼돈사회

알권리 · 몰라도될권리· 언론의자유 · 방종의언론
몰라도될권리 · 언론의자유 · 방종의언론 · 알권리
언론의자유 · 방종의언론 · 알궐리 · 몰라도될권리
방종의언론 · 알권리 · 몰라도될권리 · 언론의자유

# 여론조사

중구난방 · 왔다 · 갔다 · 여론조사 · 너도나도
왔다 · 갔다 · 여론조사 · 너도나도 · 중구난방
갔다 · 여론조사 · 너도나도 · 중구난방 · 왔다
여론조사 · 너도나도 · 중구난방 · 왔다 · 갔다
너도나도 · 중구난방 · 왔다 · 갔다 · 여론조사

# 제2장
# 공인회계사 인력난

## 화천대유 누구 겁니까?

이재명 경기지사가 성남시장 시절 추진한
대장동 개발사업에 자산관리회사로 참여한
'화천대유자산관리'가 수의계약을 통해
지구 5개사업 부지를 확보했고
매입가격은 경쟁입찰 낙찰가의
65% 수준이었던 것으로 확인됐다
낮은 가격으로 토지를 확보한 화천대유는
직접 주택사업을 시행해
2,000억이 넘는 분양수익을 올렸다
기존에 알려진 화천대유와 직간접적으로 연결된
관계자가 받은 배당금 4,040억 원과는
별도의 수익이다

# 훌륭한 한국문화

① 가장 훌륭한 한국문화 중 하나로 태권도를 꼽는다
② 산만하던 아이가 배꼽인사, 지구촌 태권도에 반하다
③ 인성 바로잡는 돌봄교실 역할
④ 미·유럽 학부모 마음 사로잡아
공립학교 정규과목 채택도 늘어

등으로 시작한 태권도 예찬론이다
"K팝·K드라마도 놀랍지만 태권도는
내가 경험한 한국문화 중 가장 훌륭한 것 중 하나다
BTS도 좋아하지만 태권도를 다시 보게 됐다
펜데믹이 끝나면 한국에 꼭 가보고 싶다"
프로그램 진행자이자 스포츠스타 출신인
테리 크루스는
"나는 평생 이런 걸 한 번도 본적이 없다
태권도는 싸움에 관한 것이 아니다
용기·자신감·존경에 관한 것이다"라고 극찬했다
9월 16일 세계태권도연맹(WT·총재 조정원) 산하
태권도 시범단이 미국 LA 돌비극장에서
NBC 생방송 '아메리카 갓텔런트' 결승전을 치르고 나서
한 이야기다
아갓텔의 우승상금은 11억 원으로

시청자 수 1,000만여 명에 시청률 1,2위를 다투는
미국 내 최대 오디션 프로그램으로 유명하다
세계태권도연맹 관계자는
“태권도는 단순한 격투기·무술을 넘어
평화와 희망을 전달하는 매개체”라며
“전쟁과 재해로 어려움을 겪는 어린이와
청년들에게 꿈을 주는 것이 큰 목적이다”라고 말했다
현재 세계태권도연맹에 가입한 국가는
210개국으로 UN회원국 193개보다 많다

## 대통령의 종전선언

문재인 대통령이
9월 21일 제76차 유엔총회 기조연설에서
'종전선언' 카드를 다시 꺼내들었다
라파엘 그로시 IAEA 사무총장이
"북한은 플루토늄 분리와 우라늄 농축
다른 (핵)활동 작업을 전속력으로 질주하고 있다"고
평가한 이후 하루만이다
임기를 8개월여 남긴
문재인 대통령의 종전선언 촉구가
당사자인 북한·미국·중국은 물론
국제사회로부터 얼마나 호응을 얻을지
의문이 제기되고 있다
문 대통령은 기조연설에서
"남·북·미 3자 또는 남·북·미·중 4자가 모여
한반도에서 전쟁이 종료되었음을 함께 선언하길
제안한다"고 말했다
그러나 문 대통령은 연설에서
최근 잇따른 순항·탄도미사일 발사 등
북한에 의해 한반도에서 긴장감이 고조되는 데 대해선
일체 언급하지 않았다

## 대장동 개발의혹

추석 연휴에 ‘대장동 개발사업 특혜 의혹’을 둘러싸고
정치권은 대선을 앞둔 복잡한 셈법에 따라
얽히고설킨 공방을 이어갔다
이재명 경기지사는
“단 1원이라도 부당한 이익을 취했으면
후보직과 공직을 사퇴하겠다”고 밝혔고
국민의힘은 22일 특검과 국정감사를
더불어민주당에 요구했다
민주당 이낙연 전 대표 측도
엄정한 수사를 통한 진상규명을 촉구했다

## 오징어 게임

최근 드라마 '오징어 게임'이 넷플릭스에서
대박을 쳤다
'오징어 게임'은 빚으로 벼랑 끝에 몰린
456명의 '밑바닥 인생'들이 456억 원이라는
일확천금을 두고 목숨을 건 경쟁에
참가하는 데스 게임물이다
데스 게임물은 그동안 여러 나라에서
여러 형태로 시작되었지만 '오징어 게임'의
관전 포인트는 한국식 변주이다
딱지치기·달고나뽑기·구슬치기 같은 추억들
암호로 사용된 '무궁화꽃이 피었습니다'
각 인물들의 절절한 신파적인 사연까지
모두 우리에게 친숙한 것들이다

# 공인회계사 인력난

공인회계사 역대급 인력난이 가중되고 있다
신외부감사법(新外部監査法) 도입 이후
회계 관련 업무량이 늘고
감사에 의무적으로 투입해야할
회계사 인원이 증가되면서
4대회계법인은 물론 중견 회계법인까지
회계사 부족을 호소하고 있다
대기업·금융회사도 회계사 확보경쟁이 벌어지고 있다
주 52시간 근로제가 시행되고
내부회계 관리제도 감사대비까지 더해지면서
업무량이 급증한 때문이다
'신의 직장'으로 꼽히는 한국전력도 최근
경력직 회계사 채용에 나섰지만
지원자가 1-2명에 그친 것으로 알려졌다
인력난이 지속되면서
회계사들의 몸값은 계속 상승해
확정급여가 1억3천 만 원에 달하는 것으로 알려졌다
1970년대 이후 40여 년 만에 다시 찾아온
황금기(黃金期)가 아닐까?

## 천하동인 5호 정영학

"'성남도시개발공사 측에 10억' 돈 로비 녹취 나왔다"란
기사가 신문 1면에 실렸다
중앙일보 취재를 종합하면
검찰이 확보한 금품 로비 정황 관련 자료는
천화동인 5호 대주주인 정영학 회계사가
9월 27일 참고인 신분으로 출석해 조사를 받으면서
제출한 녹취파일 19개다
정 회계사는 최근 2년간 화천대유 및
천화동인 1호 대주주인 김만배 화천대유 회장 등
주요 주주들과 유동규 전 본부장 등
성남도시개발공사 측과의 대화를 녹음해
이를 검찰에 넘긴 것으로 파악됐다
정영학 회계사는 천화동인 4호 대표인
남욱 변호사와 함께 2009년의 첫 대장동
민간개발 사업 추진 과정에 참여했다
정 회계사 본인도 천화동인 5호 대주주로
대장동 개발사업에 5,581만원을 투자해
지난해 연말까지 644억 원을 배당받은 대박사건이다

## 여야의 대장동 공방

이재명 경기지사는
9월 29일 정책토론회에서
“국민의힘 이준석 대표는 봉고파직하고
김기현 원내대표는 남극에 위리안치시키겠다”며
야당지도부를 비난했다
그러자 이준석 대표는
“이 지사의 추악한 가면을 확 찢어놓겠다”고 반박했다
성남시 개발특혜 의혹이 여야를 가리지 않고 확산되자
서로 떠넘기며 막말을 서슴지 않는
극한 상황으로 치닫고 있다
여당은 尹 부친이 판 집앞서 “尹게이트”
야당은 “특검 거부하는 자가 범인”이라는
정치권 삼킨 ‘대장동 블랙홀’…
대선경선·국감 ‘시계 제로’ 등…
참담한 일이 벌어지고 있다

## 대장동 키맨 유동규 체포

10월 1일 경찰이
성남시 대장동 개발사업 특혜 의혹의 핵심 인물인
유동규 전 성남도시개발공사 기획본부장을 체포했다
유 전 본부장은 이날 오전 검찰에 출석할 예정이었으나
새벽에 복통을 이유로 응급실을 찾았고
검찰은 체포영장을 발부받아 신병을 확보했다
유동규는 대장동 사업의 설계자이자
로비의 수혜자로 지목돼온 '키맨'이다
그는 이틀 전 압수수색 당시
휴대전화를 집밖으로 던지는 등
증거인멸을 시도하고 검찰의 출석통보에 불응해왔다
그는 2018년 6·13 지방선거에서
경기지사에 출마한 이재명 지사의 선거운동을
측면에서 지원하고
선거 뒤 경기관광공사 사장에 임명돼
이 지사의 측근이란 얘기가 나온다
검찰이 주목하고 있는 사건의 핵심은
천화동인 5호 대주주인 정영학 회계사가
제출한 19개의 대화 녹취 파일이다

## 화천대유의 김만배

화천대유(火天大有)란 하늘 위에 태양이 솟은 괘로
크게 형통함 즉 풍족한 물질과 고른 나눔이다
물론 이 형통이 오래 가려면 오만·방탕을 멀리하고
품위·겸손·간난을 알고 나눠야 한다
그런데 '대장동 개발'의 화천대유는 법조기자 출신
김만배가 자본금 5천만으로 만든 회사다
화천대유 작명은 동양철학도였던
그가 '부동산 대박'을 노려서다
그 고문들은 국회의원과 율사들로
강찬우·권순일·김수남·박영수·원유철·이경재 등이다
특히 박영수 특검 딸과
곽상도 의원 아들이 그 직원이며
50억 원의 퇴직금을 받아
아버지가 곤혹을 치루고 있다
천화동인 구성원 역시 화천대유의 김만배와
그 가족·회계사·특검의 후배 변호사들이다
앞으로의 향배가 주목된다

## 국민 분노 크다

문재인 대통령이 10월 5일 참모진과의 회의에서
경기도 성남시 대장동 개발의혹과 관련해
"국민 분노가 크다"고 했다
청와대는 이날 대장동 의혹에 대해
"엄중하게 생각하고 지켜보고 있다"고
처음으로 공식 입장을 밝혔다
국민의힘 김기현 원내대표가 문재인 대통령에게
대장동 의혹에 대한 입장 표명을 요구한 것과
관련한 질문을 받고 이같이 답변했다

# 이재명·민주당의 황혼

2021년 10월 6일자 동아일보 송평인 칼럼
'이재명·민주당의 황혼' 타이틀의 이야기다
이재명 경기도 지사는 소년 노동자로 시작해
검정고시로 대학에 들어가 사법시험에 합격한 뒤
성남시장을 거쳐 지금의 자리에 올랐다
생계형 좌파라는 게 있다
이들에게는 본래 좌파가 지닌 위대한 이념이 없다
너무 원대해서 우파로부터 비현실적이라는 비판을 받는
그런 이념 말이다
생계형 좌파는 눈앞의 이익이 있으면 놓치지 않는다
처음에는 먹고 살기 위해 불가피한 것이었을지 몰라도
웬만큼 먹고살게 된 다음에도
관성처럼 수단과 방법을 가리지 않고
더 얻기를 추구한다
이 지사와 그 주변 세력에서 언뜻 느껴지는
낯선 행태는 밑바닥으로부터 '오징어 게임'식의
생존투쟁을 통해 단계를 밟고 올라온
사람들의 치열함과 무관치 않다
그 치열함이 윤리적으로 가다듬어진다면
더없이 좋은 성품으로 승화될 수도 있겠지만
그렇지 않으면 웹툰에 상투적으로 등장하는

무자비하고 탐욕적인 캐릭터가 된다…
이 지사가 민주당 경선에서 승리를 이어가고 있다
민주당이 생계형 좌파에 권력을 넘겨주려 한다
저 정당도 수명이 다했다는 느낌이다

# 이재명 게이트

"'이재명 게이트'까지 꺼낸 이낙연 캠프"
더불어민주당 대선 주자인 이낙연(68) 전 대표는
10월 6일 대장동 의혹에 대해
"진상규명이 미흡하거나 늦어지면
여야 정당을 포함한 한국 정치와
국가 미래가 엄청난 혼란에 빠질 수 있다"며
신속한 수사를 촉구했다
이 전 대표 캠프 공동선대위원장인 설훈 의원은
논평에서 "국민의 절반 정도가 대장동 게이트를
'이재명 게이트'로 인식하는 현실을 직시해
국민 눈높이에서 대장동 게이트를 다룰 것을
이재명 후보에게 촉구한다"고 밝혔다
한편 추미애 전 법무부장관이 경선 막판에
'이재명 수비수'로 적극 나섰다
'윤석열 공격수'를 자임하며 경선 초·중반 확보한
강성 지지층이 대장동 의혹으로 위기감이 커진
이재명 경기지사로 재집결하는 흐름에
힘을 싣는 행보로 해석된다

# 부패공화국

대장동 게이트가 터진지 한 달이 지났지만
국민적 의혹과 분노는 눈덩이처럼 불어난다
연일 드러나는 비리·불법은
사법·입법·행정부·언론까지 성한 곳이 없다
'부패공화국'의 현주소를 적나라하게 보여준다
대선판에서 정책과 비전 경쟁이 실종된 것은 물론
과연 내년 봄 대선이 제대로 치러질 수 있을까 하는
걱정마저 고개를 든다고
한국경제 사설은 말한다
무조건 부인하고 남 탓만 하는 이재명 지사가
이런 극심한 혼란과 아수라판 중심에 있다
그는 사건초기부터 지금까지
"단군 이래 최대 공익환수 사업"이라는 말만
입이 아프도록 반복하고 있다
원주민 땅을 강제 수용하다시피 하고
서민주택 건설 비율을 낮춰
민간업자가 7,000억 원이 넘는 돈벼락을 맞도록
부실 설계된 사업임이 분명해졌는데도
도정(道政)책임자로서 사과 한마디 없다고 했다

# 이재명 경선 승리

이재명 경기지사가 더불어민주당의
제20대 대통령 후보로 선출됐다
10월 10일 서울 대의원·권리당원 투표에서 51.45%를
제3차 국민선거인단 투표에서 28.30%를 얻어
최종 누적율 50.29%로
결선투표 없이 대선에 직행하게 되었다
이재명 후보는 선출 감사 연설에서
"지난 30여 년 간 기득권과 맞서 싸우며 이겨온
저 이재명에게 민생개혁·사회개혁·국가개혁 완수라는
임무를 부여했다"며
"국민이 요구하는 변화와 개혁을
반드시 완수하겠다"고 강조했다
'대장동 논란' 속에 펼쳐진
이날 3차 국민선거인단 투표에선
이 지사가 예상 밖 28.30%로 대패를 당했다
이낙연 후보 측은 정세균·김두관표 무효로 안 했다면
이재명 누적 득표 49% 과반 미달이라고 반발했다

# 이재명은 누구인가

정치도 삶도 '비주류'…
1978년 소년공 이재명이
덩치보다 큰 옷을 입고 찍은 사진이 경향신문에 실렸다
그는 그곳에서 프레스에 손목이 눌려
관절이 으스러지는 두 번째 산업재해를 당했다
변방의 장수!
더불어민주당 대선 후보로 10월 10일 최종 선출된
이재명 경기지사(57)를 지칭하는 대표적인 말이다
정치인 이재명의 주 무대는 경기도·성남시였다
소년공·검정고시 출신이라는 삶의 궤적도 변방이었다
SNS를 적극 활용해 사이다 발언을 터뜨리며
지지자들의 마음을 사로잡았다
코로나19가 처음 확산되던 2020년 2-3월
신천지예수교증거장막성전(신천지) 시설을
강제 봉쇄하고 전 도민에게 재난기본소득을 지급하며
'일 잘하는 행정가' 면모를 각인시켜
그가 집권여당 대선 후보로 발돋움한 비결이다
하지만 이 지사의 장점은 고스란히 단점과 연결된다
'비여의도' 출신은 취약한 당내 입지를
'사이다 행보'는 포퓰리즘 논란을 낳았다
'대장동개발 특혜의혹'과 '형수 욕설' 사태 등은

외연 확장의 걸림돌이다
특히 대장동개발 특혜의혹은 최대 악재다

이재명 지사는 서류상 1964년생으로
실제로는 1963년 12월 경북 안동 예안면 도촌리에서
5남 4녀 중 일곱 번째로 태어났다
초등학교를 졸업하자마자 아버지가 먼저 정착한
경기 성남시 상대원동으로 어머니, 형제들과 이주했다
아버지는 상대원시장 청소부였다
이 지사의 한 측근은 "찢어지게 가난했고
그 때문에 집착과 승부욕이 강하다"며
"그것이 정치인 이재명의 동력"이라고 말했다
이 지사는 성남에서 10대 시절
5년 6개월간 여섯 곳의 공장을 다녔고
고입과 대입 모두 검정고시를 통과했다
졸지 않으려 책상 위에 압정을 뿌려가며
학력고사를 준비한 끝에
1982년 중앙대학교 법학과에 입학했다
1986년 사법시험 합격 후 연수생 시절
노무현 전 대통령이
"인권변호사도 굶지 않고 살 수 있다"고 한
강연을 듣고 인권변호사로 진로를 굳혔다
이 지사는 2006년 성남시장, 2008년 총선에
성남 분당갑 국회의원으로 출마했지만 낙선했고
결국 2010년 성남시장에 당선되었다

2017년 19대 대선 당 경선에서
문재인·안희정 후보에 이어 3위를 차지했다
문재인 후보를 공격하며 존재감을 과시했지만
'반문'이라는 꼬리표를 달게 되었다
2018년 경기지사에 당선되었다
변방 장수 이재명!
이제 막 본선 행에 오른 그의 정치적 운명은
순탄치 않아 보인다

# 국민의힘 지지율 41.2%

리얼미터가 YTN 의뢰를 받아
성인남녀 2,022명을 대상으로
문 대통령 국정수행 지지도를 조사해
10월 18일 발표한 여론조사에서
긍정평가 지수가 39.2%로 평가됐다
지지율이 30%대로 떨어진 것은
6월 38.0% 이후 14주 만이다
국민의힘 지지율 41.2%(더불어민주당 29.5%)는
창당 이후 최고치이다
이재명 대선 양자대결조사에서도
윤석열·홍준표에 오차범위 내에서
뒤지고 있는 것으로 나타났다

# 전두환 정치 잘했다

국민의힘 윤석열 대선주자가 10월 19일
"전두환 대통령이 군사구테타와
5·18만 빼면 정치를 잘했다"고
얘기하는 분들이 많다고 해 논란이 되고 있다
"호남 분들도 그런 얘기를 한다"고도 했다
여야 모두 "석고대죄하라"
"헌법정신 망각이다"라고 비판했다
그는 권한 위임 측면에서
배울 점이 있다는 이야기라고 해명하면서
"경제는 돌아가신 김재익 경제수석에게 맡겼다"
"최고 고수들을 사심 없는 분들을 내세워야
국민에게 도움이 된다"고 하면서
"최고 전문가를 뽑아서 임명하고 시스템 관리하면서
대통령으로서 국민과 소통하고
챙길 어젠다만 챙길 것이다
법과 상식이 짓밟힌 이것만 바로 잡겠다"고 강조했다

## 소득 3만 달러 선진국

한국은 국민소득 3만 달러의 선진국이다
그러나 정신·윤리·품격·배려·제도·준법 같은
무형의 요소들은 따라오는 속도가 더디기만 하다
압축성장기의 기업가들의 분투는
눈물겨울 정도였다
1987년 민주화 이후 한 세대를 넘게 흘렀지만
민주주의는 되레 후진중이다
자유·진실이란 절대가치가
무지·억지·포퓰리즘·진영논리에 의해 훼손되고 있다
정치판 시계는 거꾸로 돌고
골 깊은 진영 갈등은 끝이 안 보인다
조국·윤미향사태·대장동게이트를 겪으며
무엇이 옳고 그른지조차 합의가 안 된다
투명성 낮은 저신뢰 사회의 정형이다
5개월 앞으로 다가온 대선판은
혼돈의 집약판이 되고 있다는 평가다

## 광주·봉하마을 간 이재명

이재명 더불어민주당 대선 후보가
10월 22일 광주 망월동 민주열사묘역을 찾아
'전두환 비석'을 밟으면서
"윤석열 전 검찰총장은 존경하는 분이라
밟기 어려웠을 것"이라고 야유했다
이 후보는 전두환 전 대통령 기념비석을 밟고
한동안 멈춰섰다
오후엔 경남 봉하마을을 방문해
노무현 전 대통령 묘역 참배 후
권양숙 여사를 예방한 이 후보는
"노 전 대통령께서 열어주신 길을 따라서
여기까지 왔고 그 길을 따라 끝까지 가겠다"고 했다
권양숙 여사가 이 후보에게
"노무현 전 대통령을 많이 닮은 후보"라고 했다고

# 제3장

# 노 · 전 대통령 별세

## 인요한의 애국운동

한국 귀화 미국인 인요한 연세대 교수의 이야기다
1980년 3월 연세대 의예과 1학년으로 입학한 그는
유급을 면치 못해
"그 서양애가 떨어졌다"
그런 그가 미국 가서 국가고시 시험을 봤다
3,000명 응시 120명 합격에 포함된 그는
600대 1의 경쟁을 뚫고 수련의가 된 후에도
평가시험에서 1등을 했다고
그는 주장한다
지난 50년 동안 인류역사가 가장 빨리 변했고
그 중에서도 대한민국이 가장 큰 발전을 이뤄내고
인류발전에도 가장 많이 이바지했다는 것을
잊지 말자고…
어깨에 힘을 주고 목에 힘이 들어가고
목소리가 커져도 될 만큼 자랑스러운 일이다
우리 자신을 과소평가하지 말자고 주장한다
그는 '20세기의 기적'을 이룬
박정희 대통령 찬양논자이기도 하다

## 박정희 대통령 42주기

박정희 대통령의 42주기를 맞은 10월 26일
국민의힘 대선주자와 지도부는 일제히
국립 서울현충원을 찾아 추모했다
국민의힘 이준석 대표와 김기현 원내대표 등
당 지도부와 대선주자인 홍준표·유승민·원희룡 등은
이날 오전 국립 현충원을 찾아
박정희 대통령과 육영수 여사의 묘역으로
이동해 분향하고 묵념했다
이날 별도로 참배한 윤석열 대선주자는
"박정희 대통령은 통찰력과 안목으로
한국이 산업국가로 발돋움할 수 있는
기초를 닦았다"고 추모했다

# 노태우 대통령 별세

제13대 노태우 대통령(1932-2021)이
10월 26일 낮 12시 45분 저산소증 등으로
서울대병원 응급실로 이송되어
1시 46분 사망했다
노 대통령은 2002년 전립샘암 수술을 받고
2008년 희귀병인 소뇌위축증 판정을 받는 등
투병생활을 해왔다
서울대병원은 "장기간의 와상[1] 상태와
여러 질병들이 복합적으로 작용한 것으로
추정된다"고 밝혔다

1979년 신군부의 핵심으로
전두환 대통령과 12·12쿠데타를 주도했고
전두환 정권 2인자로 떠올랐던 그는
1987년 대통령 간선제호헌 조치에 반대하는
시위가 확산되자
'대통령 직선제 개헌'을 약속하는
6·29선언을 발표했다
이 선언은 이른바 '1987년 체제'의 계기가 됐으며
그는 개헌 이후 첫 직선제 대통령에 당선됐다

---

1) 누워서 생활하는 것

'보통 사람'을 슬로건으로 내건 노 대통령은
중국·소련 등 공산권 국가들과 수교를 맺는
북방외교 정책을 폈다
1990년 김영삼·김종필 총재와 함께 선언한 3당 합당은
거대 보수정당의 시대를 열었지만
퇴임 후 4,000억 원의 비자금 조성과 내란 등의 혐의로
전두환 대통령과 함께 구속 기소돼
1997년 징역 17년 추징금 2,629억 원 형이 확정됐다
같은 해 김영삼 대통령의 특별사면 조치로 석방됐고
추징금은 2013년 완납했다
빈소는 서울대병원에 차려지며
발인은 30일이다

# 노태우 국가장

정부는 10월 27일 노태우 대통령 장례를
국가장으로 치르기로 결정했다
다만 법에 따라 국립묘지 안장은 하지 않기로 했지만
여당의 광주지역 의원들과
5·18관련단체들은 국가장 결정에 반발했다
문재인 대통령은
"노 대통령이 5·18민주화운동 강제 진압과
12·12군사쿠데타 등
역사적 과오가 적지 않지만
88올림픽의 성공개최와 북방정책 추진
남북기본합의서 채택 등 성과도 있었다"는 내용의
추모메시지를 청와대 대변인을 통해 전했다
문재인 대통령은 조문은 하지 않기로 했다
빈소를 찾은 이재명 더불어민주당 대선후보는
"빛과 그림자가 있고 그 빛의 크기가
그늘을 덮지는 못할 거다
그럼에도 불구하고 할 수 있는
최소한의 노력을 다한 점을 평가한다"고 했다

# 국가장(國家葬)

세상을 떠난 역대 대통령은 7명인데
장례 형식은 네 가지였다
이승만·윤보선 대통령은 가족장을 지냈다
최규하·노무현 대통령은 국민장
박정희·김대중 대통령은 국장
김영삼 대통령은 국가장을 치렀다

현직 대통령은 국장(國葬)
전직 대통령은 국민장(國民葬)이 관례였다
국장은 9일장으로 하고
영결식이 공휴일로 지정되고
전액 국고로 지원한다
국민장은 7일장에 공휴일이 아니고
비용도 일부만 지원한다
2009년 5월 노무현 대통령은
관례에 따라 국민장으로 치렀는데
3개월 후 김대중 대통령이 서거했을 때는
같은 전직임에도 고인의 공로에 비추어
최고 예우가 필요하다는 유족의 요구를 수용해
전직 대통령으로는 유일하게 국장을 지냈다

이후 국가장과 국민장의
기준이 모호하다는 지적이 제기돼
2014년 법을 바꿔 국가장과 국민장을
'국가장'으로 통일했다
국가장은 최대 5일장에 공휴일 지정은 없다
2015년 김영삼 대통령 장례가
국가장으로 엄수된 첫 사례다
의회주의자였던 고인은 영결식을 거행하고
국립현충원에 안장됐다
노태우 대통령은 내란죄로 실형을 선고받아
전직 대통령의 예우가 박탈된 상태이고
국립묘지 안장도 불가능하지만
국가장의 결격사유는 없다

## 물태우 평가

한국경제 '천자 칼럼' 고두현 논설 이야기다
노태우 대통령을 다들 '물태우'라고 불렀다
직전 대통령의 강성 이미지에 비해
'물렁한 캐릭터' 때문이었을까
선거과정에서 '보통사람'을 강조했던 그가
"나를 코미디 소재로 다뤄도 좋다"고 말한 뒤로는
'물태우'가 코미디 단골 메뉴가 돼
그에 대한 평가는 엇갈리지만
'물렁한 보통사람'이
'단군 이래 최대 호황'을 이끌었다는 점에서는
이견이 별로 없다
1988년부터 92년까지 5년간
연 10% 안팎의 성장을 거듭했고
임금이 115% 올랐으며
중산층 비율이 75%를 넘어 집집마다
자가용 차를 살 수 있는 마이카시대가 열렸다
가장 기억에 남는 경제정책은
서민의 내 집 마련을 돕는 주택 200만 가구 공급이다
1988년부터 4년간 새로 지은 집이 272만 가구나 됐다
분당·일산·평촌·산본·중동 등
수도권1기 신도시를 건설하면서

집값을 잡고 주택보급률까지 높였으니 일석이조였다
또 다른 기억은 의료보험 혜택이 크게 늘었다는 것이다
그가 1989년 국민의료보험 제도를 개정
의료보험 수혜비율을 92%로 끌어올렸다
보통사람들의 돈 걱정이 줄고 삶이 윤택해지자
해외여행 붐이 일어났다
이런 성과가 하루아침에 이뤄진 건 아니다
앞서 박정희·전두환 정부가 닦은 토대에
3저(저금리·저유가·저달러) 흐름까지
잘 탔기에 가능했다
그 덕분에 중국·소련 등
공산권 45개국과 수교할 수 있었고
'원조를 주는 나라'로 거듭날 수 있었다
그동안 일반인의 평가가
역대 최하위 대통령이던 것과 달리
학자 500명을 대상으로 한 평가는
역대 4위를 차지했다
경제발전이라는 '빛'과 쿠데타 주범이라는
'그늘'을 동시에 남기고 세상을 떠난 그에게
먼 훗날 역사는 또 어떤 평가를 남길 것인가?

## 역사 평가

'계란이 먼저냐' '닭이 먼저냐'하다가
선악(善惡)이 뒤집어진 사건이 5·18이다
민주화운동으로 정의되었으니
이제 관용이란 게 필요하지 않을까
우린 선진국이다
언제까지 이를 갈아 붙여야 하나
언제까지 품에다가 칼을 품고 살 것인가
노태우 대통령 장례를 둘러싼 논쟁을 보면서
답답함을 금할 수가 없다
사육신(死六臣)은 235년 만에 복권됐고
남이(南怡) 장군의 복권은 350년 걸렸다
누구도 장담할 수 없는 게 역사평가다
이쯤해서 화해하는 것이 어떨까 하는
생각을 해본다

## 노태우 대통령 영결식

노태우 대통령의 영결식이 10월 30일
서울 송파구 올림픽공원에서 치러졌다
영결식은 1988년 서울올림픽의 상징성을 고려해
올림픽공원 평화의광장에서
1시간 가량 진행됐다
영결식에는 김옥숙 여사
장녀 노소영·장남 노재헌 등 유족과
유영민 대통령비서실장
이철희 대통령 정무수석비서관과
국민의힘 이준석 대표
김종인 전 비상대책위원장 등
각계 각층의 주요 인사 50여 명이 참석했다
더불어민주당 송영길 대표 등
여권인사들은 영결식에 불참했다
장례위원회 고문인 박병석 국회의장도
세종시 방문 일정을 이유로 불참했다

김부겸 국무총리는 조사에서 서울올림픽
북방외교·토지공개념·대규모 주택공사 등
고인의 공적을 언급하면서도
"우리 현대사에서 지울 수 없는 큰 과오를

저지른 것은 움직일 수 없는 사실"이라 지적했다
노태우 정부 시절 국무총리를 지낸 노재봉 전 총리는
추도사에서 노 대통령을 수차례 '각하'라고 부르면서
쿠데타 옹호 발언을 해 논란도 일었다
영결식을 마친 유해는 서울 서초구 서울추모공원에서
화장 절차를 거쳐 경기 파주시
검단사 무량전에 임시 안치됐다
유족들은 묘역 조성후 파주 통일동산 인근에
다시 안장하는 방안을 추진 중이다
파주시는 "대승적 차원에서
묘역 조성을 수용하겠다"고 했지만
관광특구로 지정된 통일동산 부지를
장지로 할지는 고심 중인 것으로 알려졌다

# 박정희 대통령처럼

2021년 11월 2일
더불어민주당 이재명 후보는
'대한민국 대전환 제20대 대통령 선거
대책위원회' 출범식에서
"박정희 대통령이 경부고속도로를 만들어
제조업 중심의 산업화의 길을 열었다"며
"이재명 정부는 탈탄소 시대를 질주하며
새로운 미래를 열어나갈
에너지 '고속도로'를 깔겠다"고 공약했다
그는 또 "높은 집값으로 고통을 호소하는
국민을 보면서 죄송한 마음을 금할 수가 없다
부동산문제로 국민께 너무 많은 고통과 좌절을 드렸다
진심으로 사과 말씀을 들인다"며
고개를 90도 숙이기도 했다

## 김만배·남욱 구속

대장동개발 특혜 의혹의 핵심 피의자인
화천대유 대주주 김만배와
화천동인 4호 소유주인 남욱 변호사가 구속됐다
유동규 전 성남도시개발공사 사장 직무대리는
이미 뇌물 수수와 배임 혐의로 구속 기소된 상태다
검찰이 이른바
'특혜주범 - 유동규'
'로비주범 - 김만배'
'설계주범 - 남욱'의 신병을 모두 확보한 셈이다
이런 가운데 정진상 전 성남시 정책실장이
검찰 수사가 본격화하기 시작한 9월 29일
'특혜주범 - 유동규'와 직접 통화한 사실이
새롭게 드러났다
검찰 수사의 다음 관건은 '그분'과 '윗선'이다
당시 대장동 사업의 최종 책임자이자
인허가권자였던 민주당 이재명 후보자가
어떤 형태로든 이들의 혐의에 관여돼 있는지
아닌지가 밝혀져야 한다

## 윤석열 대선후보 선출

윤석열 전 검찰총장이 11월 5일
국민의힘 대선후보로 선출됐다
백범김구기념관에서 열린 전당대회에서
최종 득표율 47·85%를 얻어
41.50%를 득표한 홍준표 의원을
6.35%포인트 차이로 따돌렸다
유승민 7.47%, 원희룡 3.17였다
윤 후보는 수락연설에서
"여러분과 함께 반드시 정권교체를 이루겠다"며
"이번 대선은 나라의 존망이 걸린 절체절명의 선거"
"공정과 상식을 회복해 대한민국을 정상화하고
멈춰버린 대한민국의 심장을 다시 뛰게 하겠다"고
강조했다
윤 후보는 그러면서 "이번대선은
상식의 윤석열과 비상식의 이재명과의 싸움이자
합리주의와 포퓰리스트의 싸움"이라며
"또다시 편가르기와 포퓰리즘으로 대표되는 사람을
후보로 내세워 원칙 없는 승리를 추구하려는
이 무도함을 심판해 달라"고 호소했다

## 당심에 막힌 홍준표

홍준표 의원의 두 번째 대선 도전이
미완으로 마무리됐다
윤석열 전 총장과 양강 구도를 이뤘지만
'당심(黨心)'의 벽이 높았다
홍 의원은 일반인 대상 여론조사에서 48.21%를 얻어
37.94%에 그친 윤 후보를 10.27% 앞섰지만
당심에선 윤 후보 57.77%
홍 의원 34.80%로 22.97% 뒤졌다
경선결과가 발표된 뒤 "깨끗하게 승복한다"며
"경선 마지막까지 치열하게 국민적 관심을 끈 게
제 역할"이라고 말했다
그는 SNS에 "26년간 헌신한 당에서
헌신짝처럼 내팽개침을 당했어도
이 당은 제가 정치인생을 마감할 곳"이라고 했다
홍 의원은 21대 총선에서 당의 공천을 받지 못하자
탈당한 뒤 무소속으로 국회의원에 당선되었고
복당 반대에 부딪쳐 지난 6월 24일
어렵게 국민의힘에 복당했었다

## 5·18묘지 간 윤석열

윤석열 국민의힘 대선 후보가 11월 10일
광주 5·18묘지를 방문해
"저의 발언으로 상처받은 모든 분께
머리 숙여 사과드린다"고 말했다
윤 후보는 또 성명을 통해
"광주의 피와 눈물을 기억한다"며
"국민통합을 반드시 이뤄내고
광주가 쟁취한 민주주의를 계승 발전시키겠다"고
다짐했다
지난달 "5·18과 쿠데타만 빼면
전두환이 정치는 잘했다는 분들이 많다"고 해
논란을 빚은데 대한 사과의 뜻과
다짐을 밝힌 것이다
윤 후보는 이날 추모탑에 헌화·분향하려 했으나
반대하는 시민들에게 막혀
입구에서 묵념하는 것으로 대신했다
언제쯤 길이 확 뚫리려나?

# YS추모식 총출동

여야 대선 후보들이
김영삼 전 대통령 서거 6주기를 맞아
“과감한 결단으로 한국사회의 민주화와 문민화 등
개혁에 큰 역할을 했다”며 한목소리를 냈다
11월 22일 국립현충원에서 열린 추모식에는
김부겸 국무총리·송영길 더불어민주당 대표
이준석 국민의힘 대표 등
여야 정치인이 대거 참석했고
이재명·윤석열·안철수·심상정 후보 등도 총출동해
처음으로 한자리에 모였다
김덕룡 추모위원장은 여야 대선후보들을 향해
“민주화 세력은 ‘내로남불’의 거짓과 위선으로
비난받고 있다”며 “우리가 이런 나라를 만들려고
민주화투쟁을 했던가 자괴감이 들정도”라고
쓴 소리를 했다
이어 “상당수 국민은 내년 대선을
‘차악을 뽑는 선거’라고 한다”며
“지는 사람이 감옥에 갈지도 모른다는
말까지 나돈다”고 일갈했다

## 전두환 대통령 별세

전두환 제11·12대 대통령이 11월 23일
향년 90세로 지병으로 별세했다
올 8월 혈액암의 일종인 다발성 골수종 진단을 받고
병원과 자택을 오가며 치료를 받아오다가
이날 오전 서울 서대문구 연희동 자택에서
화장실을 가다 쓰러진 뒤
의식을 회복하지 못하고 숨졌다
전 전 대통령은 굴곡 많은 대한민국 현대사의
한복판에 섰던 '문제적 인물'이다
군사조직 '하나회'를 결성한 뒤
1979년 12·12쿠데타를 일으켜 권력을 장악했고
광주 5·18민주화운동을 무력으로 유혈 진압
집권한 뒤에는 철권통치로 민주화를 막았다
국민들이 1987년 6월 민주항쟁으로 맞서자
그는 직선제 개헌을 수용했고 퇴임 뒤
백담사로 향했다
그는 공교롭게도 33년 전 '5공청산' 과정에서
밀리듯 강제로 백담사 칩거에 들어간 날 사망했다
전두환 대통령은 거액의 비자금과 내란 등의
혐의로 1심에서 사형을 선고 받고 받은 뒤
무기징역으로 감형되었다

구속 수감 2년 만에 특별사면으로 풀려났지만
이후에도 반성이나 사죄와는 담을 쌓은 채
“예금이 29만 원밖에 없다” 발언
추징금 미납 5·18발포 명령 부인 등으로
공분을 불러일으켰다
권위주의 독재정권 장본인인 그의 사망으로
굴곡 많은 한국 현대사의 한 단락이
마무리됐다는 평가가 나오고 있다
그러나 선고받은 추징금 2205억 원 중
956억 원을 미납했다
추징문제를 놓고 검찰이 관련 법리를 검토 중이다
빈소는 서울 서대문구 세브란스병원에 차려졌으며
장례는 국가장이 아닌 가족장으로 치러진다
유족으로는 부인 이순자 씨와
아들 재국·재용·재만· 딸 효선 등 3남 1녀가 있다

## 여야의 다른 호칭

문재인 대통령은
23일 별세한 전두환 대통령 빈소에
조화를 보내거나 조문을 하지 않기로 했다
대통령 명의의 추모메시지도 내지 않는다
청와대 핵심관계자는 브리핑에서
'전(前) 대통령' 호칭을 쓴 것과 관련해
"최소한의 예우냐"는 질문에
"대변인 브리핑을 위해 어쩔 수 없이
직책을 쓴 것"이라며
"문 대통령이 '전 전 대통령'이라고
직접 호칭한 것은 아니다"라고 했다
전두환 전 대통령 별세 소식에 대한 여야의
반응도 미묘하게 엇갈렸다
일단 그에 대한 호칭이 더불어민주당은 '전두환 씨'
보수야당인 국민의힘은 '전두환 전 대통령'이었다
더불어민주당은 조문도 하지 않고
조화도 보내지 않기로 결정했다
이재명 민주당 대선후보는 이날 오전
"전두환 씨는 내란 학살사건 주범"이라며
"사적 욕망을 위해 국가 권력을 찬탈했던
결코 용서받을 수 없는 범죄에 대해

마지막 순간까지도 국민에게 반성하고
사과하지 않았다"고 비판했다
이어 "현재 상태로는
조문 생각은 하지 않고 있다"고 했다
반면 국민의힘은 고민을 거듭했다
윤석열 대선후보는 "전직 대통령이시니까
가야되지 않겠나 생각하고 있다"고 했다가
2시간 쯤 지나 이양수 수석 대변인을 통해
"조문을 하지 않기로 결정했다"고 알렸다
이준석 국민의힘 대표는 페이스북에
"따로 조문할 계획이 없다"
"당을 대표해서 조화는 보내겠다"고 했다
신촌 세브란스병원에 마련된 빈소에는
정치인도 시민 조문객도 뜸했다
노태우 대통령 장례식장에
여야 정치인과 재계 인사가
줄지어 조문한 모습과는 대조적이었다

## 성숙한 민주사회

제11·12대 전두환 대통령은
우리 현대사에 드리운 그림자가 크고 짙은 만큼
정치권에선 장례와 조문을 둘러싸고
논란이 일고 있다
청와대는 고인의 명복은 빈다고 했으나
조화를 보내거나 조문 계획은 없다고 했다
그러나 한 개인의 죽음을 넘어 역사로
기록할 때는 공(功)·과(過)를 엄중하고
냉정하게 평가할 필요가 있다
집권 과정에서 12·12쿠데타를 일으키고
5·18광주민주화운동을 탄압하고
체육관 선거를 통해 대통령직에 오르면서
비민주적 권위주의 시대의 유물을 남긴 것은
씻을 수 없는 과오다
'서울의봄'을 짓밟고 민주화 인사를 탄압한 것도
마찬가지다
재임 중 기업들로부터 수천억 원을 받아
비자금을 조성하는 등 정경유착 오점을 남긴 것도
지울 수 없는 낙인이다
퇴임 후 법원에서 반란·뇌물죄 등으로
무기징역형을 선고받고

김영삼 정부에서 사면 받았지만
끝내 자신의 과오에 대해 사과도 하지 않았다
그의 삶과 1980년대라는 시대 자체가
다시는 되풀이돼선 안 될
현대사의 타산지석이자 반면교사인 셈이다

그러나 완전히 어둠만 있었던 건 아니다
재임기간 중 연평균 10.2%의 경제성장률과
물가안정을 동시에 이루어냈다
정보통신 인프라를 구축해 IT강국 토대를 마련했고
서울올림픽을 유치하고
한강 개발과 7년 단임 약속을 지킨 것 등은
평가 할만하다
고속 경제성장은 세계적인 3저 덕을 본 것이지만
이로 인해 중산층이 두터워졌고
'넥타이부대'가 상징하듯 역설적으로
민주화를 앞당긴 요인이 됐다
어느 시대나 양면성이 있기 마련이다
역대 정부마다 빛과 그림자가 공존하는데
정치 유불리나 편견에 갇혀
오로지 한 가지 잣대로
선(善)과 악(惡)으로 갈라서는 발전할 수 없다
공(功)은 공대로 기억하고 과(過)는 과대로 경계하며
긴 호흡으로 역사를 관조해야
그 시대로부터 교훈을 얻을 수 있다

1987년 6월 항쟁으로 철권통치를 종식시켰지만
그 후 한 세대 넘게 지나는 동안 우리 사회는
민주주의(民主主義)가 과연 제대로 뿌리를 내렸는지
자문해볼 필요가 있다
그의 죽음으로 갈등과 대립 적폐와 오점을 남긴
5공화국은 역사의 평가로 넘기게 되었다
성숙한 민주국가로 거듭날 때라야 비로소
그 시대를 청산했다고 할 수 있을 것이라고
한국경제의 사설은 말하고 있다

## 주접을 떠는 사람

국민의힘 윤석열 대선 후보가 11월 25일
김종인 전 비상대책위원장을 영입하려던
총괄선거대책위원장 자리를 비워둔 채
선대위 실무조직을 출범시켰다
개문 발차라고 했다
24일 두 사람 간 담판이 무산된 뒤 이날은
감정싸움으로까지 번지며 여진이 이어졌다
윤석열 후보는
"김종인 박사님 얘기 더 않겠다"고 했고
김 전 위원장은 윤 후보 측이 최후통첩을 했다는
일부 보도에 대해 "주접을 떤다"는 표현까지 쓰며
날을 세웠다
이기는 것만이 능사는 아닌데
젊은 사람들한테 좀 져주는 것도…
'주접을 떠는' 사람이 자신일 수도 있다는
생각을 해본다

## 오늘의 대한민국

한국은 지금 누구도 부인할 수 없는 선진국이다
세계10위의 경제대국
5위의 기술강국이다
K콘텐트는 세계를 정복했고
K-pop과 드라마까지…
이제부터의 경쟁상대는 힘이 센 선진국
미국·유럽·일본이고 거대한 중국이다
이들과 겨루려면 탄탄한 생존전략이 필요한 때다
내부 에너지를 모으는 통합은 필수다
통합… 통합… 통합이다
주접을 떨어서 되겠나?

## 100일 전쟁 시작

2022년 3·9대선의 승패를 좌우할
'100일 전쟁'이 시작됐다
최대 승부처는 2030세대다
이재명 더불어민주당 후보가 4050세대
윤석열 국민의힘 후보가 60대 이상에서
뚜렷한 우위를 보이고 있지만
누구도 2030세대 표심을 장악하지 못하고 있다
국민적 관심사인 부동산 이슈는 최대 격전지다

## 전두환 씨

세상인심이 전두환 대통령의 호칭을
전두환 씨로 바꿔놓았다
페루시아를 정복한 알렉산더 대왕도
로마의 시저도 적장의 죽음 앞에서는 고개를 숙였다
2021년 11월 27일 발인식을 끝으로
전두환 전 대통령의 장례절차가
가족장으로 마무리됐지만
전두환 씨의 유골함은 장지가 정해지지 않아
서울 서대문구 연희동 자택으로 옮겨져
임시로 안치됐다
부끄러운 역사다

# 제4장 유토피아는 없다

# 오미크론 비상

전 세계로 빠르게 퍼지는
코로나19의 변종 오미크론(Omicron)을 차단하기 위해
각국이 방어망 구축에 나섰다
문재인 대통령은 11월 29일 청와대에서 주재한
특별방역점검회의에서
"단계적 일상회복(위드 코로나) 2단계 전환을 유보하고
앞으로 4주간 특별방역대책을 시행한다"고 밝혔다
신규 확진자와 위증증 환자·사망자 모두 증가하고
병상 여력이 빠듯해지고 있기 때문이다

## 윤석열 캠프 갈등

이준석 국민의힘 대표가 11월 29일 밤
페이스북에 올린 글이 당을 발칵 뒤집어 놨다
'여기까지'라는 표현을 두곤
중대 결심을 암시한 것 아니냐는 것이다
그는 30일 모든 공식 일정을 취소했다
이 대표와 윤석열 후보의 불편한 관계는
어제 오늘의 일이 아니지만
이렇게 노골적인 것은 처음이다
당 안팎에선 양측의 해묵은 갈등이
김종인 전 비대위원장 영입을 둘러싸고
폭발했다는 관측이 제기됐다
제1야당 대표 잠적 "대선 코앞에 두고
처음 보는 광경"이라고 대서특필 했다
대선을 97일을 앞두고 국민의힘
이준석 대표 잠적…
부산·순천에 이어 제주도에 나타난 이준석
11월 30일 공식 일정을 취소하고
휴대전화를 끄고 활동을 전면 보이콧했다

# 윤핵관 파리떼

잠행 3일째인 이준석 국민의힘 대표가
12월 2일 언론 인터뷰에서
윤석열 대선 후보와 측근 그룹인 이른바
'윤핵관'을 두고 작심 발언을 내놓았다
윤핵관은 윤 후보 핵심관계자를 뜻 한다
이준석 대표는
"당 대표는 대통령 후보의 부하가 아니다"라고 했다
또 윤핵관 행태에 대해
"익명으로 장난치고 후보 권위를 빌려
호가호위(狐假虎威)하는 것"이라며
"저는 실패한 대통령 후보 실패한 대통령을
만드는데 일조하지 않겠다"고 말했다
김병준 선임선대위원장이 사태 해결을 위해
이 대표를 접촉할 뜻을 밝혔지만
이준석 대표가 주변에
"빈손으로 복귀하지 않겠다"는 뜻을 밝히고 있어
사태가 장기화 될 수 있다는 우려다

# 윤석열·이준석 회동

윤석열·이준석 12월 3일 극적으로 화해해
합류 불발설이 돌았던
김종인 전 비대위원장을 수락하기로 했다
윤석열 후보의 '이중고'라고 불렸던
이준석 대표와 김종인 전위원장과의 갈등이
모두 수습된 셈이다
윤 후보와 이 대표는 이날 오후 7시 30분쯤
울산의 한 식당에서 2시간 동안 회동한 뒤
취재진 앞에 섰다
이날 회동에는 김기현 원내대표도 참석했다

# 국민의힘 내홍수습

국민의힘이 윤석열 대선후보
김종인 선거대책위원장
이준석 대표(상임선거대책위원장)의
삼각편대로 내년 3월 대선을 치르게 됐다
12월 5일 윤 후보가 선대위 구성을 놓고
갈등을 빚었던 이준석 대표와
김종인 위원장 영입 등에 가까스로 합의하면서다
지난 한 달 동안 국민의힘 내
권력투쟁은 볼성사나웠다
이준석 대표가 나흘간 당무를 거부한 것도 무책임하지만
당대표에게 후보 일정도 알리지 않고
뒤에서 험담한 윤 후보 캠프의 잘못이 더 크다고 했다
윤 후보는 이른바 '윤핵관' '문고리'의
전횡 논란이 커지는데도 이를 방치했다
김종인 위원장 영입을 두고도
종잡기 어려운 태도를 보여
내부 분란을 조정하지 못하는
정치력에 의문부호가 붙은 것은 당연하다

## 비천한 집안출신 논란

더불어민주당 이재명 대선후보가
수감 중인 박근혜 전 대통령에 대해
“우리 존경하는 박근혜 전 대통령”이라고
언급해 논란이 커지자
“의례적인 표현”이라고 했다
이 후보는 12월 4일 군산시
공설운동장에서 한 즉석연설에서 가족사를 언급하며
“제 출신이 비천하다
비천한 집안이라서 주변을 뒤지면
더러운 게 많이 나온다
제가 태어난 걸 어떻게 하겠나”라고 말해
형수 욕설 논란, 조카 살인사건 변론 논란 등
가족 문제와 관련한 논란에 억울함을 호소한 것이다
그러나 국민의힘 선거대책위원회 이양수 수석대변인은
“이 후보 주변이 아니라
이 후보의 인식 자체가 천박하고 비루할 뿐”이라며
“지나친 자기비하로 국민의 눈물샘을 자극해서
자신의 허물을 덮고 위기를 극복해보겠다는
얄팍한 수”라고 했다

# 윤석열 선대위 출범

2021년 12월 6일은
국민의힘 윤석열 선대위가 공식 출범하는 날이자
'선거책사' 김종인 총괄선대위원장의
6번째 선거 도전일이기도 하다
그는 2012년부터 여야를 넘나들며
당의 비대위원장·선대위원장으로
5번의 선거를 사실상 진두지휘했다
역대 전적은 4승 1패였다
언제부터인가
김종인 없는 선거는 쉽게 떠오르지 않을 만큼
그는 한국 정치의 대표적 전략가로 자리매김했다
"전체 판을 읽는 눈이 남다르다"는 호평부터
"거품이다 그저 될 만한 쪽에 붙을 뿐"이라는 비판까지
그의 평가도 극과 극이다
과연 그는 '정치 초보 윤석열'을 대통령으로 만드는 데
일조할 수 있을까
3개월 남은 대선의 또 다른 '관전포인트'라고
중앙일보는 1면기사로 다루고 있다

## 김종인 총괄선대위원장

윤석열 선대위를 관통하는 콘셉트는
반문(反文) 빅플레이트다
지도부인
김종인 총괄선대위원장
김병준 상임선대위원장
김한길 새시대준비위원장
이들은 과거 여권에 몸담았지만
문재인 정부에 실망해 윤 후보에게
온 사람들이다
공동선대위원장 김기현·김도읍·조경태·
박주선·이수정·스트류커바 디나·노재승 중
박주선 전 국회부의장 역시 호남출신 중진이다

## 미 베이징올림픽 보이콧

12월 6일 미국이 2022년 2월 열리는
베이징 동계올림픽에 대한 외교적 보이콧을 선언했다
중국당국의 신장(新疆) 위구르 지역 인권탄압을
'제노사이드-집단학살'로 규정
외교 제재에 나선 것이다
중국은 곧바로 '결연한 반격 조치'를 예고하며 반발했다
뉴질랜드 등이 보이콧 동참을 선언한 가운데
종전선언(終戰宣言)을 추진하고 있는
문재인 정부는 일단 올림픽 외교사절단 파견에
무게를 두고 있다

# 유토피아는 없다

아무런 부족함도 고통도 없는
지복(至福)으로만 가득한 세계가 있을까
나날을 아무런 부족함 없이
여유와 환락을 누리면서 살 수만 있다면
과연 행복할까
미국 예일대 심리학 교수인 폴 블룸은
단연코 "아니다"라고 말한다
고통이야말로 인간 행복의
필수불가결한 조건이기 때문이다
사람이라면 어디서나 겪을 수밖에 없는
중노동·부상·질병·핍박·파산·싸움·이별과
그로부터 오는 온갖 심신의
고통·분노·좌절·슬픔…
어쨌든 한결같이 피하고 싶은 것들이다
맞다
하지만 고통과 행복감은 대립하는 것이 아니라
함께 다닐 수밖에 없는
필연적(必然的) 현상이라는 것이다

# 대장동의혹 키맨 자살

경기도 상남시 대장동개발 특혜·로비의혹 관련해
대장동 민간사업자들로부터 뇌물을 받은 혐의를 받는
유한기(66) 전 성남도시 개발공사 개발사업본부장이
12월 14일 영장심사를 앞두고 10일 자살했다
현재 포천도시공사 사장인 그는
대장동 의혹 사건 실마리를 풀 ‘키맨’으로 불렸다
경찰에 따르면 이날 오전 7시 40분쯤
경기도 고양시 일산서구 한 아파트단지 화단에
유 전 본부장이 추락해 숨져있는 것을
한 시민이 발견해 신고했다
대장동 ‘윗선’ 규명 핵심인물인 그는 평소
“조직에 해 되지 않겠다”고 말했다고…

## 전두환의 공과

12월 11일 칠곡 다부동 전적기념관에서
이재명 대선후보는
"전두환도 공과가 병존한다"며
"전체적으로 보면 전두환이
3저 현상(저금리·저유가·저달러)을 잘 활용해서
경제가 망가지지 않도록
경제가 제대로 움직일 수 있도록 한 건
성과인 게 맞다"고 평가했다
다만 "국민이 맡긴 총칼로 국민 생명을 해치는 행위는
어떤 이유로도 용서될 수 없는 중대범죄"라고 덧붙였다
이에 대해 윤석열 국민의힘 후보는
"맨날 이야기가 바뀐다"고 했고
국민의힘은 논평을 내고
"아무리 표가 급하다고 한들
얼굴색 하나 변하지 않고
자기부정도 서슴지 않는 모습을 보면서
'뼛속까지 거짓말'이라는 말이 떠오른다"고 비판했다

## 김대중은 성인

윤석열 국민의힘 대통령 후보가
김대중 대통령을 ‘성인(聖人)’이라 했다
“대통령이 된 후에도 어떤 정치보복도 하지 않았다며
“모든 정적을 용서하고 화해하는
성인 정치인으로 국민통합을 이룩했다”고 했다
김대중은 평생 탄압받았지만 대통령이 되자
유능한 적장(敵將)을 중용했다
이명박 정권 때는 박연차 게이트 수사를 받던
노무현 전 대통령이 자살했고
박근혜 정권에선
이명박 핵심 인사 수백 명이 뒷조사를 받았다
문재인 정권은 두 정권 인사를 배제했다
문재인 정부에선 참여연대 출신
장하성·김수현·김상조가 대통령 정책실장으로
조국이 민정수석으로 기용됐다
소득주도성장·탈원전·부동산실정(失政)의 책임자들이다

## 추풍령 휴게소

사흘째 대구·경북 지역을 돌고 있는 이재명 후보는
12월 12일 경북 김천 추풍령휴게소에 있는
'경부고속도로 기념탑'을 찾아가선
"제가 추진하는 에너지 고속도로는
박정희 시대의 산업화 고속도로
김대중 시대의 정보화 고속도로에 버금가는
새로운 산업체제를 상징하는 것"이라고 주장했다
그리고 그는 "우리 사회의 가장 심각한 병폐가
흑백논리·진영논리"라며
"있는 사실 자체를 부인하면
불합리에 빠져들게 된다"고도 했다

# 박태준 도전정신

더불어민주당 이재명 대선후보가
3박4일 대구·경북 지역 순회 마지막 날인
13일 경북 포항 포스텍에서 진행된
박태준 포스코 명예회장 10주기 추모식에 참석해
"저희 경제를 다시 살리고
지속적으로 성장하는 경제로 나아가기 위해선
박태준 회장의 도전정신과 불굴의 의지
그리고 국가의 대대적 투자와 경제부흥 정책이
앞으로 크게 도움 될 것"이라고 밝혔다
박정희 대통령의 경제발전 성과를 인정한 데 이어
중공업 발전의 초석을 닦은 박태준 회장을 기리며
경제 성장에 대한 의지를 강조한 것이다

## 김건희 리스크

윤석열 국민의힘 대선후보의 부인
김건희 씨가 2007년 수원여대에 이어
2013년 안양대에 제출한 겸임교수 지원
이력서에도 허위 경력이 기재됐다는
의혹이 12월 15일 제기됐다
김씨는 이날 오후 “사실관계를 떠나
사과드린다”며 진화에 나섰다
“현실과 관행을 잘 보고 보도하라”며
격앙된 태도를 보였던 윤 후보는 부인이
사과의 뜻을 밝히자 “여권의 기획 공세가
아무리 부당하게 느껴진다 해도
대선후보의 부인이 결혼 전 사인 신분에서
한 일들이라 해도 국민 눈높이와 기대에
조금이라도 미흡하게 처신한 게 있다면
송구한 마음을 갖는 게 맞다”며 한 발 물러섰다

## 안산김씨 왕비의 역사

논란의 여지는 있으나 공과를 떠나
김건희 씨는 안산김씨(安山金氏)로 알려졌는데
만일 윤석열 후보가 당선된다면 안산김씨는
김은부(金殷傅 : ~1017)의 큰 딸이
고려(高麗) 8대 왕 현종(顯宗)의 왕비(王妃)
원성왕후(元成王后)가 되고 뒤이어 두 딸이
원혜왕후(元惠王后) 원평왕후(元平王后)가 된 이후
1,000년 만에 대통령 영부인이 되는 셈이다

## 이재명 아들 도박사과

더불어민주당 이재명 대선후보의 장남(29)이
온라인 불법도박을 한 사실이 드러나자
이 후보는 입장문을 내고
"언론보도에 나온 카드게임 사이트에 글을 올린
'당사자는 제 아들이 맞다"며 "아비로서
아들과 함께 머리 숙여 사과드린다"고 밝혔다
앞서 조선일보는 이 후보 장남으로 추정되는 인물이
2019~2020년 온라인 불법 포커 커뮤니티 사이트에
약 200개의 글을 올렸다고 보도했고
민주당 선거대책위원회는 자체적으로 파악한 결과
최근까지 다른 사이트에서도 불법도박을 한 사실을
추가로 확인했다고 밝혔다

# 안철수 국민의당 후보

안철수 국민의당 대선 후보가 12월 16일
문재인 대통령에게 "이번 성탄절에
이명박·박근혜 두 전직 대통령에 대한
형집행정지를 결정해 달라"고 요청했다
국민통합을 그 이유로 들었다
두 전직 대통령을 수사했던
윤석열 국민의힘 대선후보와 문 대통령을
동시에 견제하고 이를 통해
보수층 지지를 얻어내겠다는 전략으로 해석된다
안철수 후보는
"다른 대선 후보들의 동참도 기대한다"면서
"대선 후보들이 두 전직 대통령의
형집행정지뿐만 아니라
정치보복 불가 선언·협치를 위한 공동 청사진 등에
합의만 한다면 누가 당선 되어도
통합 대한민국의 청사진을 만들 수 있다"고 했다

## UN 북한 인권결의안 채택

유엔이 북한의 인권침해를 규탄하는
'북한인권 결의안'을 12월 16일 채택했다
2005년부터 17년 연속 채택이다
통과된 시간은 한국시간 17일 오전으로
김정일 사망 10주년이자
아들 김정은 집권 10주년이 되는 날이다
문재인 정부는 결의안 공동제안에
3년 연속 불참했다

## 새로운물결 창당

김동연 '새로운물결' 창당
제3지대 대선 주자인 김동연 전 부총리가
12월 19일 '새로운물결' 창당대회를 열고
초대 당 대표에 취임했다
그는 이재명·윤석열 대선 후보를 향해
"수신(修身)도 제가(齊家)도 없이
치국(治國)을 논하고 있지 않나"라고 비판했다
김동연 대표는
"'새로운물결'은 3가지 큰 물줄기를 만들겠다며
① 부패를 쓸어버리는 물결
② 더 많은 기회와 더 고른 기회를 만들어 내는 물결
③ 기득권 양당 정치를 바꾸는 물결을 만들겠다"고 했다

# 제5장
# 박근혜 대통령님

# 친문 깨시민 집회

친문 성향의 깨시민(깨어있는시민연대당)이
12월 18일 부산에서 더불어민주당
이재명 대선 후보를 규탄하는 집회를 열고
이 후보의 이른바 '형수 욕설' 녹음파일을 틀었다
12월 16일 선관위는
이 후보의 형수 욕설 녹음파일 유포를
공직선거법상 선거법 위반으로 보기 어렵다는
유권해석을 내렸다
이에 대해 더불어민주당은
"비방이나 낙선 목적으로 파일을 유포할 경우
무조건 위법"이라며 법적 대응을 예고하고 나섰다

# 대장동 핵심 또 자살

성남시 대장동 개발 특혜 의혹사건의
참고인으로 수사를 받아오던
김문기 성남도시개발공사 개발사업1차장이
12월 21일 사무실에서 숨진 채 발견됐다
유한기 전 공사개발사업부장에 이어
대장동 사건 수사 대상자 중 자살한
사람은 두 번째 사례로 추정된다

# 국민의힘 폭발

국민의힘 내부갈등이 대선을 78일 앞두고
12월 21일 또다시 폭발했다
조수진 중앙선대위 공보단장과 갈등을 빚던
이준석 대표가 "모든 선대위 직책을 내려놓겠다
조금의 미련도 없다"고 선언했다
상임선대위원장·홍보미디어본부장에서
물러나겠다는 것이다
이 대표가 윤석열 대선후보와의
12월 3일 '울산회동'으로 갈등을 봉합한 지
18일 만에 다시 터진 악재다
이준석 대표의 불만은
"윤 후보의 말만 따르겠다"던 조수진 단장뿐 아니라
'윤핵관'으로 불리는 윤 후보 측근들과
윤 후보를 향하고 있다는 해석이 나온다
조수진 단장도 이날
"정권교체를 위해 백의종군하겠다"며
선대위 모든 직책에서 물러났다

## 잡탕 마대자루 꼴

국민의힘 한 의원은 당 선대위의 현실에 대해
“지금 국민의힘 중앙선거대책위원회의
모습은 이것저것 마구 쑤셔 넣은
마대자루와 같다”고 했다
이준석 대표와 조수진 최고위원의 충돌로
선대위 난맥상이 드러났지만
‘매머드형 선대위’가 출범할 때부터
기능 중복과 혼선은 예상했던 일이라는 것
11월 22일 최고위원회에서 선대위 인선을 시작한 이후
현재까지 국민의힘은
연일 영입인사를 발표해 400명을 넘어섰다
“선거는 사람이 아니라 사람들이 치르는 것”이라는
윤석열 대선 후보의 의중이 반영된 조치로…
또다시 시험대에 오른 윤석열 리더십으로 이야기한다

## 대장동 얘기 미치겠다

이재명 "성남시장 땐 김문기 몰라"
더불어민주당 이재명 대선후보가
김문기 성남도시개발공사 개발사업1처장이
극단적 선택을 한 것에 대해
"지휘하던 부하 직원 중 한 명이라 정말 안타깝다"며
"이제라도 편히 쉬시길 바란다
가족들은 얼마나 황망하겠나
위로의 말씀 외엔 제가 더 드릴 말씀이 없다"고 했다
'대장동 얘기를 들을 때마다 답답하겠다'는 질문에
이 후보는 "정말 이게 이런 표현을 하면 좀 그런데
미치겠다"라며 허탈한 듯 웃기도 했다
김문기 유족들은 검찰 수사에 대해
"대장동 몸통은 놔두고
꼬리만 자르려고 한 것"이라며
억울함을 호소하고 있다

## 해결사 김종인

국민의힘 중앙선대위가 이준석 당 대표의
선대위 직책 사퇴 등 내홍을 겪고 있는 가운에
김종인 총괄선대위원장이 '해결사'로 나섰다
윤석열 대선후보가 김 위원장에게
선대위 운영과 갈등 봉합의 전권을 위임
그러나 당내 갈등은 걷잡을 수 없이 커지는 양상이다
이준석 대표 측은 이날도 윤 후보의 측근들을
'파리떼'라고 언급하는 등
갈등이 계속되고 있다

# 이재명 새빨간 거짓말

잠시 수그러졌던 대장동개발사업 특혜의혹
관련 야권 공세가
김문기 성남개발공사 개발 1차장의 죽음을 계기로
거세지고 있다
특히 이재명 민주당 대선후보의
"성남시장 재직 땐 김문기 처장을 몰랐다"는 발언이
기름을 부었다
국민의힘은 김 처장과 함께 찍은 사진을 연일 공개하며
"이 후보가 거짓말을 하고 있다"고
파상공세를 하고 있다
12월 23일 국회에서 열린 국민의힘
'이재명비리국민검증특별위' 회의에서
이기인 성남시의원은
"이 후보의 김문기를 몰랐다는 말은
새빨간 거짓말"이라고 주장하면서
2015년 당시 김 처장과 함께
트램전차 벤치마킹을 위해 떠난 호주-뉴질랜드
해외출장 사진 2장을 추가로 공개했다

## 호남에 간 윤석열

윤석열 국민의힘 대선 후보는 12월 23일
전남 광양·여수항만공사 방문을 마지막으로
1박2일 호남 방문 일정을 마무리했다
윤 후보는 순천 에코그라드 호텔에서 열린
전남선대위 출범식에서
“국민의힘이 제대로 못했기 때문에
호남 분들이 그동안 마음의 문을 열지 못하고
지지를 하지 않았다
충분히 이해가 간다”면서
“정권교체를 해야 하고
민주당은 들어갈 수가 없기 때문에
부득이 국민의힘을 선택했지만
국민의힘이 국민의 진정한 지지를 받는
수권정당이 되려면
엄청나게 많은 혁신이 필요하다”고 말했다
이 “부득이 국민의힘을 선택했다”는
표현이 논란을 일으켰다
논란이 된 표현은 또 있었다
윤 후보는 출범식에서 문재인 정부가
운동권인사만 중용한다는 점을 비판하면서
“1980년대 민주화운동을 하는 분들도 많이 있었지만

자유민주주의 정신에 따른 민주화운동이 아니라
외국에서 수입해온 이념에 사로잡혀서
민주화운동을 한 분들과 같은 길을 걸었다"고 말했다
일각에서 민주화운동을 폄훼한 것이라는 지적이 나왔다
이에 대해 윤 후보는
과거 이념투쟁이 민주화운동과 목표가 같아
당시엔 받아들여졌지만
문민화 이후에는 이념투쟁에 사로잡힌 운동권에 의해
우리 사회의 발목이 잡힌 경우가 많다는 취지로
말한 것이라고 설명했다
'수입된 이념'은 남미의 종속이론과
북한의 주사파 주체사상을 예로 들었다

## 이재명의 변신 쇼

이재명의 '변신 쇼'는 처절할 정도다
오락가락·매표 포퓰리즘이라는
비판에도 개의치 않는다
"그래도 문재인처럼 꽉 막히지는 않았네"
"생각보다 유연하네"
이미지 확산을 노리는 이재명
세금을 줄여주고 현금을 안긴다 해서
정권에 대한 분노가 변하지는 않지만
문재인에서 이재명이 차츰 분리되는
효과가 생기고 있다고 했다

## 박근혜 대통령 사면

2021년 12월 24일
문재인 대통령이 박근혜 전 대통령을
특별사면·복권하기로 결정했다
국정농단 사건으로 2017년 3월 31일 구속 수감된 지
4년 9개월 만인 12월 31일 0시 풀려나게 됐다
전직 대통령의 특별사면은
1977년 12월 22일 고 전두환·노태우 두 전직 대통령의
특별사면 이후 처음이다
박근혜 전 대통령의 특별사면이 내년
3·9대선을 75일 앞두고 전격적으로 발표되면서
향후 대선 정국에 어떤 파장을 불러일으킬지
여야 정치권의 이목이 집중되고 있다

## 전직예우 박탈

박근혜 전 대통령은
어깨질환·허리디스크·치과·정신건강의학과 등
치료를 위해 11월 22일부터
삼성서울병원에 입원 치료를 받고 있어
구치소에 재입감되지 않고 교정당국 인력이
병원에서 철수하는 방식으로 풀려나게 된다
검찰은 금년 2월 서울 서초구 내곡동 자택을 압류하여
미납 추징금·벌금 환수를 위해 공매에 넘겨
39억 원에 낙찰되었다
유영하 변호사는
"거처는 저희가 알아보고 있는 중이다"라고 말했다
박근혜 대통령은 특별사면으로
미납한 벌금 150억 원가량도 면제받는다
그러나 재직 중 탄핵됐고 금고 이상의 형이 확정돼
전직 대통령의 예우는 박탈된다
다만 경호 인력은 지원된다

# 우리 朴 대통령

대선 앞 '사면 변수' 돌발
이재명 "박 사죄 필요"
윤석열 "우리 박 대통령"
2022년 3·9대선을 75일 앞두고
박근혜 대통령 사면이라는 변수가 떠오르면서
여야는 사면 이슈가 선거 판세에 미칠
영향을 주시하고 있다
여야는 12월 24일
전격적으로 이뤄진 박 대통령 사면 결정에
당혹스러움을 감추지 못했다
이재명 후보는 입장문을 통해
"어려운 결정을 존중한다"면서도
"박 전 대통령의 진심어린 사죄가 필요하다"고
강조했다
윤석열 후보는 국민의힘 당사에서
"'우리 朴 대통령'의 사면은 늦었지만
환영한다"고 했다

민주당은 박 대통령 사면이
자칫 지지층 이탈로 이어질까봐 우려하는 눈치다
국민의힘은 윤 후보가 국정농단 수사 당시

박영수 특별검사 팀에서
박 대통령 수사를 담당했다는 점에서
사면 변수가 부담으로 여겨질 수밖에 없다
이준석 대표는
“다시 한 번 당 대표로서 국정농단 사건에 대해
국민께 송구스럽게 생각한다”고 밝혔고
김종인 총괄선대위원장은 “박 전 대통령도
정권교체에 대한 생각은 똑같을 것”이라며
“대선에 특별한 영향을 주지는 않을 것”이라고 말했다

# 김건희 공식사과

윤석열 국민의힘 대선후보 부인
김건희 씨는 12월 26일
자신의 허위 이력 기재 의혹과 관련해
"국민 여러분께 진심으로 사죄의 말씀 드린다"고
공식 사과했다
여의도 국민의힘 당사에서 기자회견을 열고
자신을 둘러싼 의혹에 대해
"잘 보이려고 경력을 부풀리고
잘못 적은 것도 있었다"며 이렇게 말했다
윤 후보의 정치입문 이후
김씨가 공식 석상에 모습을 드러낸 것은 처음이다
역대 대선에서 후보 부인 논란이 있었지만
직접 나서서 공개 사과한 적은 없었다는 점에서
이례적인 일이다

## 초라한 공수처

검찰개혁을 외치면서
윤석열이라는 거대 정치인을 탄생시킨
요란하게 출범한 고위공직자비리수사처(공수처)가
출범 1주년이 다가오는데도
제자리를 찾지 못하고 있다
정치적 중립성 시비가 끊이지 않는
언론인·야당 정치인 등을 상대로
무더기 통신조회를 했던 사실이 드러나
민간인 사찰과 인권침해 논란도 빚고 있다
공수처의 1년간 수사에 착수한 24건 중
마무리한 사건은 단 1건밖에 없다고…

## 대전환 시대

2022년은 '정치적 리스크'의 해가 될 것이라는
예상이다
코로나19·오미크론의 확산
인플레의 장기화
금리 인상과 자산시장 거품 붕괴
글로벌 공급망 차질 등 위험 요인 외에
미·중갈등 격화에 따른 지정학적 리스크가
최대 위협으로 부상하고 있다
미국과 중국의 G2 패권경쟁은
자유민주주의와 독재전체주의 대결구도로 확전되고
러시아의 우크라이나 침공 가능성에다
대만 해협은 폭발력이 큰 화약고다
이런 때 한국은 3·9대선이 치러진다
"최선을 택하기보다 최악을 피해야 할 선거"라는
자조적 비아냥이 나올 정도로
대선정국은 어둡다

## 정권교체는 언제?

선대위에서 물러난 이준석 대표
기로에 선 이준석 대표
사면초가의 이준석 대표
"후보 측에서 요청이 있으면
선대위 복귀를 검토하겠다"
윤석열 후보 "누구보다 당대표 역할을
잘 알고 계시고 잘할 것으로 기대한다"고
기싸움을 하고 있는 사이
이재명 후보가 표심을 의식해
선심성 정책을 요구하면
당정은 기다렸다는 듯이 이를 추진하고 있다
쌀수매·재산세동결·코인과세유예 등
李가 제안하면 '정책 급조' 타이틀의
신문기사가 이채롭다
국민의힘 정권교체는 언제?

# 포스코 1고로 종풍식

포스코는 2021년 12월 29일 포항제철소에서
1고로(高爐·용광로) 종풍식(終風式)을 열었다
종풍식이란 수명이 다한 고로의 불을 끄고
쇳물생산을 중단한다는 뜻이다
1973년 6월 9일 포항제철소 1고로가
첫 쇳물을 쏟아내자
박태준 포스코 회장을 비롯한 포스코 설립 주역들은
손을 번쩍 들며 '만세'를 외쳤다
한국 경제발전에 초석이자 젖줄 역할을 한
그 포항 1고로가 48년 6개월 만에 멈췄다
대한민국을 저개발국의 굴레에서 벗어나게 하고
10대 경제대국으로 이끈 상징의 역사적인 은퇴다
1고로의 빈자리는 저탄소 전기로가 채운다
50년 전 불가능하게만 보였던
국가 부흥의 사명을 완수하고
2050년 탄소중립이라는 새로운 사명을 받은 것이다

## 박근혜 석방

신년 특별사면 명단에 오른
박근혜 대통령이 12월 31일 0시 석방됐다
2017년 3월 구속된 지 4년 9개월 만이다
30일 법무부에 따르면 교정당국은
사면효력 발생시점인 31일 0시 직전에
박 전 대통령에게 사면증을 교부했다
입원 중인 일원동 삼성병원에 상주하던
경계·보호담당 인원이 철수하면서
사면 절차가 끝난 것이다
전직 대통령으로서 받는 예우는 경호뿐이다
경호기간은 5년이다
4년 9개월간 구속됐던 박 전 대통령에 대한
경호처 경호는 2022년 3월 초 끝난다
측근들은 거처나
병원비 등을 고심하는 것으로 알려졌다

## 혁신의 상징 이준석

‘혁신의 상징’에서 ‘대선의 걸림돌’로
반년 새 뒤바뀐 이준석의 당내 입지…
당 안팎서 공격 우군도 실종
이준석 국민의힘 대표가
윤석열 대선후보 리스크가 되고 있다
이 대표가 윤 후보와 선대위를 향해
비판을 이어가면서다
이 대표는 12월 30일
“이회창 총재가 2002년 대선에서 졌을 때와
비슷한 모습이 될까 걱정”이라고 말했다
국민의힘 혁신의 상징으로 불렸던 이준석 대표가
반년 만에 대선 승리의 걸림돌이 되고 있다는
우려도 나온다

# 박근혜 대통령님

박근혜 대통령님
자유의 몸이 되신 걸 축하드립니다
박근혜 대통령이 입원 중인 삼성서울병원 인근에
석방을 환영하고 쾌유를 기원하는
화환이 늘어서 있다
그러나 그의 향후 행보에 정치권이 신경을 곤두세우고
여야의 셈법·시각이 판이하다
국정농단 수사의 당사자였던
윤석열 전 검찰총장이 야당의 대선 후보가 돼 있는
역설적 상황 때문이다
국민의힘은 윤석열 후보에게 힘을 실어주고
결과적으로 보수 진영의 통합으로 이어지는
그림을 그리고 있는 반면
여권은 보수 분열 가능성에 대한 기대감을 감추지 않고
가둔자-윤석열과 풀어준자-문재인의
이분법도 부각하고 있다
이영하 변호사는 "병원에서 퇴원하는 날
직접 육성으로 국민에게 말씀을 하실 것"이라고 했다

# 제6장
# 제20대 비호감 대선

## 바뀔까? 바뀐다!

2022년 새해에 동아일보 여론조사결과
더불어민주당 이재명 39.9%
국민의힘 윤석열 30.2%
국민의당 안철수 8.6%
정의당 심상정 4.3%
새로운물결 김동연 0.6%로
이재명 후보가 윤석열 후보를 앞섰다
문재인 대통령 국정수행 평가는
긍정 44.7% 부정 50.6%
이번 대선은 후보보다 가족문제 불거진
진흙탕 선거라
'오락가락 말 바꾸는' 이재명
'정치 초짜' 윤석열 모두 못 믿어
여론조사도 오락가락…

## 국민의힘 선대위 해체

새해 첫 업무일인 2022년 1월 3일
대선으로 가는 국민의힘 선대위 열차가 멈춰섰다
자중지란 끝에 김종인 총괄선대위원장을 제외한
중앙선대위 지도부와 원내 핵심 지도부 전원이
일괄 사의를 표명했다
대선을 불과 두 달여 앞둔 시점에서
이 정도의 충격요법이 아니고서는
윤석열 후보의 지지율 폭락 국면을
탈출하기 어렵다는 판단에서
쇄신 카드를 던진 것이다
이준석 대표는 대표직 사퇴요구에 대해
"제 거취에는 변함이 없다"고 했다

## 연기만 잘하면 승리

국민의힘 김종인 총괄선대위원장이
윤석열 대선 후보에게
“내가 비서실장 노릇 할 테니 태도를 바꿔
우리가 해준 대로만 연기를 좀 해 달라”고 했다는
발언의 파문이 커지고 있다
김 위원장은 의원총회에서
“선대위가 해달라는 대로 연기만 잘하면
선거는 승리할 수 있다”고 했다
선대위 쇄신과 김 위원장 사퇴 여부까지 맞물려
국민의힘은 총체적 난국에 빠진 상황이다

## 한 줌의 좌익운동가들

출산율 급락세가 뚜렷해지던 2009년 7월
전재희 보건복지부장관이 어록을 남겼다
“북핵보다 무서운 게 저출산 문제다”
5년 임기를 마치는 문재인 정부는
긴박해진 인구 위기에 대비해 사회 시스템을 개혁하고
재정기반을 강화하기는커녕 ‘역주행’으로 내달렸다
2016년 400조 원이 넘지 않던
국가예산을 뭉텅이로 늘리기 시작해
올해 예산을 607조 원으로 불려놨다
한번 배정하면 되돌릴 수 없는 복지제도 확충과
공무원 대폭 증원 등
나라의 재정 부담을 떠안기는 분야에 투입했다
나랏빚이 올해에만 108조원 불어나
국가부채비율이 GDP의 50% 넘게 됐다

국내외 전문가들의 지적에
귀 막고 ‘묻지마 탈원전’을 밀어붙여
국가 에너지 백년대계의 근본을 허물고서
눈 하나 깜짝하지 않고 있다
금년 신년사에서 문재인 대통령은
“막힌 길은 뚫고 없는 길을 만들어

대한민국이 세계의 모범국가가 됐다"고 자화자찬했다
한 줌의 좌익운동가들 등에 업혀 온
독선과 불통의 국정이 임기 마지막까지 요지부동이다
더 절망스러운 건 차기 대권을 맡겠다는
대통령 후보들의 행태다
'민생' '공정' 등의 정치구호만 잔뜩 늘어놓으며
'50조' '100조' 따위의 퍼주기 경쟁으로
국민 마음을 어지럽히고 있다
긴박한 위기인 '인구감소 대재앙'에
어떻게 대처하겠다는 큰 그림을 찾아볼 수 없다
한국경제 이학영 칼럼 '집단자살로 가는 한국'에서
미국 작가 제임스 크라크는
"정치꾼은 다음 선거를 생각하지만
정치가는 다음 세대를 생각한다"며
"정치꾼만 넘쳐나는 이 나라가 개탄스럽다"고 했다

# 윤석열 홀로서기

윤석열 국민의힘 대선후보가 1월 5일
선거대책위를 해산하고 홀로서기를 택했다
윤 후보의 정치적 경험부족을 보완해줄 것으로 여겼던
김종인 총괄선대위원장과는 30여 일 만에 결별했다
김종인 위원장은
“그 정도의 정치적 판단 능력이면
더 이상 나하고 뜻을 같이 할 수 없다”고 했다
이준석 대표는 연일 밖에서
윤 후보 주변에 대한 비난을 퍼붓고 있다
살얼음판인 당 내홍은 현재진행형이다
한 달여 전 선대위 쇄신을 한
더불어민주당 이재명 후보는 표정관리에 들어갔다

## 후보 교체론

윤석열 후보의 지지율 하락이
본인의 실언과 가족 리스크 등에
기인한 측면이 큰 만큼 선거대책기구 쇄신만으로
이를 만회하기는 쉽지 않다는 전망이다
홍준표 의원은 1월 5일
"본인과 처갓집 리스크 해소부터"라고
일침을 가했다
특히 지지율 반등에 실패할 경우엔
야권 안팎의 후보교체론이 재차 불거질 수 있다
윤 후보는 후보 교체론에 대해
"모든 것을 국민께 맡길 생각"이라며
"지금은 제가 제1야당 후보로 선출됐기 때문에
부족하다고 생각하는 점이 있으면
말해달라"고 했다

## 정신장애인 집단

2022년 1월 6일 국민의힘이 하루 종일
윤석열 대선후보가 내정한
이철규 당 전략기획본부장을 두고
이준석 대표가 '윤핵관' 인사로 지목해
갈등이 분출됐다
의원들은 이 대표의 퇴진을 요구하고
이 대표는 버티기로 맞섰다
윤 후보가 선대위 해산을 선언하면서
김종인 총괄선대위원장과 결별하고
쇄신안을 내놓은 지 하루 만이다
갈등은 이날 밤 극적으로 봉합됐지만
윤 후보와 이 대표 사이 앙금은 여전해
존재감 대결도 끝나지 않은 상황이다
당 내부 갈등으로 윤 후보 쇄신안도 퇴색했다
정신병자들 아니 정신장애인 집단으로
전락하고 있는 느낌이다
제1야당이 국민에게 희망을 주기는커녕
짜증과 불쾌감만 안기고 있으니 말이다

## 요동치는 지지율

한국갤럽이 2022년 1월 4-6일
대선후보 지지도 조사결과 이재명 36%
윤석열 26% 안철수 15% 심상정 5%로 집계됐다
정당 지지도는 더불어민주당 34%
국민의힘 29% 국민의당 5% 정의당 4%로 나타났다
대선후보 호감도 조사에서는
안철수 38%·이재명 36%·심상정 30%·윤석열 25%였다
이런 여론조사도 있구나 할 정도로
요동치고 있다

## 3류정치의 종착역?

중앙일보 이하경 칼럼
'국민을 능멸한 3류정치의 종착역'이란
글이 눈길을 끈다
정권을 잡았지만 여전히
"적에게 포위된 요새에 갇혀있다"는
진보의 강박은 사라지지 않았다
화자(話者)가 내 편이 아니면 옳은
얘기에도 귀를 닫았다
과거 정권 인사는 '적폐'로 내몰았다
통합과 협치를 요구한 민심과 사사건건 충돌
탈선한 소득주도 성장
비현실적인 탈원전
인간의 소유욕을 죄악시한 부동산정책은 낙제점이다
북한과의 종전선언에 무리하게 올인했다
그러나 기대했던 야당은 민심을 읽지 못했고
준비가 돼 있지 않았다
진보정권의 시대착오를 바로잡는
보수만의 가치를 제시하지 못했다
'포위된 요새론'을 경전(經典) 삼아
목숨 걸고 싸우면서
자기 진영의 부조리와 악행에 눈감는

사이비 진보의 결기는 그만큼 강력하다
불임(不姙)의 한국 보수 야당은
정권을 되찾기 위한 궁여지책으로
외부에서 급조된 인물을 찾아냈다
무능한 집단의 비겁한 결정이었다
보수가 선택한 윤석열은
조국 일가의 비리를 엄호하는
문재인 정권의 불공정에 맞섰고
공정이라는 이 시대 최고의
'상징자본'을 획득한 인물이다
그러나 야당 실세들은 중도와 진보를 파고들어
오세훈·박형준을 서울·부산시장으로 당선시킨
김종인을 내쳤다
청년세대가 열광하는
당 대표 이준석을 탄핵시키려다가 철회했다
피비린내 나는 권력투쟁의 결과였다
이제 중도 민심을 업은 안철수에게도 쫓기는
정치 초보 윤석열의 개인기에
야당의 운명이 달려있다
패색이 짙었던 집권당은 필사적인 노력으로
지지율 반등에 성공했다
이재명은 문재인과 차별화를 시도하고
"단 한사람의 유권자도 포기하지 않겠다"는
포괄정당 전략을 구사하고 있다
중산층과 보수 유권자를 잡기 위해

부동산 세금 유예와 외교안보 우클릭도 약속했다
표가 되면 무엇이든 하겠다고
뒤집기를 반복하고 있다
김대중 대통령 이후 정치 거인이 사라졌다
전환기 한국을 살릴 경세가는 보이지 않고
지금 국민을 능멸한 3류정치의 종착역이
안갯속에 모습을 드러내고 있다

## 최악의 대선

대통령 선거가 57일 앞으로 다가왔다
정치입문 후 미래비전 제시는커녕
당내 혼선도 제대로 정리하지 못하는
리더십의 후보를 뽑거나 아니면
자신의 약속을 장소에 따라 바꾸는 일을
아무렇지 않게 하고 '전국민 지원'
포퓰리즘을 최고의 정책이라고 강변하는
후보 가운데 1명을 뽑는
최악의 대선(最惡의 大選)
"대선 사상 가장 희망과 기대가 없는
우울한 대선"이라고
한국경제 '다산칼럼'
김인영 한림대 정치행정학과 교수는 말한다

# 시위공화국 대한민국

민주화의 절정인 1987년의 시위는 11,370회였다고
중앙일보 중앙시평 박명림 연세대 정치학 교수는 말한다
그 후 연평균
노태우 정부는 9,663회였고
김영삼 정부는 11,338회
김대중 정부는 21,820회
노무현 정부는 26,449회
이명박 정부는 38,778회
박근혜 정부는 45,517회
문재인 정부는 80,345회라고 했다
국가 발전은 분명하나
안정과 품격은 아직 멀다고 했다

## 대장동 몸통 그분

대장동 첫 재판에서
화천대유 김만배 측 발언의 파장이 커지고 있다
“이재명 당시 성남시장이 안정적 사업을 위해
지시한 방침에 따른 것”이라며
이재명 더불어민주당 대선후보의 이름을 언급했다
그러자 국민의힘은
“대장동 몸통 그분이 바로 이재명이고
그의 지시가 있었음을 법정에서
생생하게 증언한 것”이라고 공격했다

## 북 탄도미사일 도발

북한이 2022년 1월 11일 엿새 만에
또다시 초음속미사일로 추정되는
발사체 도발을 강행했다
UN 안전보장이사회가
북한의 미사일관련 비공개회의를 개최한 지
2시간 반 만에 보란 듯이 무력시위에 나선 것이다
문재인 대통령은 이날 "대선을 앞둔 시기에 북한이
연속해 미사일을 발사한 데 대해 우려된다"고 밝혔다
국민의힘 윤석열 대선후보는
11일 선제 타격론까지 언급하며 강경한 태도를 보였다
반면 더불어민주당은 윤 후보의 선제타격 발언에 대해
"전쟁으로 끌고 가는 발언"이라며 비판했다

# 만주(滿洲)

대한민국·중국·몽골·러시아 사이에는
만주(滿洲)가 놓여있다
옛날에는
고조선(古朝鮮)·부여(夫餘)·고구려(高句麗)·발해(渤海)·
선비(鮮卑)·거란(契丹)·여진(女眞) 등의 삶터였다
지금은 중국의 일부다
만주에 터 잡았던 이들은 약하지 않았다
오히려 동북아시아를 호령할 때가 많았다
고구려(高句麗)의 위력은
한반도와 일본에서 상수로 작동되었고
중국의 수(隋)·당(唐)제국은 걸핏하면
침략하여 그 위세를 견제하고자 했다
여진(女眞)은 황하 유역의 중원을 점령하고
만주로 이름을 바꾸었다
그리고 중국 전체를 차지한 데 이어
몽골·위그르·티베트 일대를 아우르는
대제국을 구축하였다
청(淸)나라가 그것이다
청나라는 여진족의 정복왕조(征服王朝)로
1616년부터 1912년까지 297년 간 중국을 다스렸다
20세기에 들어와서는 대동아공영권이란

망상에 일본이 만주를 점령하고
이를 토대로 중국을 압박하는 등
동아시아 일대를 피로 물들였었다
현재는 중국 동북 3성(三省)
즉 랴오닝성·지린성·헤이룽장성이지만
조선족(朝鮮族)의 밀집지역이다

## 이재명 관련 또 숨져

이재명 대선후보의 '변호사비 대납의혹'을 제보했던
시민단체 대표 이씨(55)가
1월 12일 서울 양천구의 한 모텔에서
숨진 채 발견됐다
야권은 "억지로 대통령을 만들기 위해
무고한 희생이 뒤따르고 있다"고 주장했다
반면 이재명 후보는 이날
"어쨌든 망인에 대해 안타깝게 생각하고
명복을 빈다"고 했고
민주당 선대위 공보단은
"국민의힘은 이씨의 사망과 관련해 마치 기다렸다는 듯
마타도어성 억지주장을 펼치고 있다"고 주장했다
대장동 유한기-김문기 이어
이재명 후보관련 세 번째 죽음이다

## 친문들 부글부글

송영길 더불어민주당 대표가
“이재명 대선후보는 문재인 정부에서
탄압을 받던 사람”이라고 해
1월 12일 당내 친문계가 반박했다
이재명 후보는 “수위 넘은 발언”이라고
진화를 시도했지만 대선 후
여권 내 권력투쟁을 염두에 둔 공방전 성격도 있어
파장이 심상치 않다
당내 친문계는 송 대표 발언을
강하게 비판하고 나왔다

## 연쇄 간접살인사건

더불어민주당 이재명 대선후보의
'변호사비 대납 의혹'을 최초로 제보한
이모 씨의 사망과 관련해
1월 13일 경찰이 1차 소견을 발표했지만
사망원인을 둘러싼 여야 간 공방은 계속됐다
국민의힘 권영세 선대본부장은
"이 후보의 '데스노트'가 있는 것 아닌가 할 정도로
이 후보 관련 무고한 공익제보자의 생명을
앗아갔다"고 했다
김기현 원내대표도
"이 후보와 직간접으로 연관된 세 명이 사망했는데
가히 '연쇄간접 살인사건'이라고 해도
과언이 아니다"라고 했고
국민의당 안철수 대선후보도
"이 후보의 대장동 게이트를 비롯한 비리 의혹규명에
결정적 키를 쥐고 있는 분들이
살인멸구(殺人滅口)[2]를 당하고 있다"며
날을 세웠다

---

2) 죽여서 입을 막다.

## 김건희 녹음 공개

녹음 공개 방송 여부를 놓고 논란이 됐던
윤석열 국민의힘 대선후보 부인 김건희 씨의
이른바 '7시간 통화' 내용 일부가 1월 16일
저녁 7시 MBC 시사 프로그램에서 공개됐다
진보 성향 인터넷 매체인 '서울의 소리'
이모 기자가 지난해 6개월 동안
7시간 45분가량 통화한 내용의 일부다
김씨는 조국 전 법무부장관 수사에 대해
"사실 조국의 적은 민주당"이라며
"조국 수사를 그렇게 펼칠 게 아닌데
너무 많이 공격했다"고 말했다
미투(Me Too)운동에 대해서는
"보수는 챙겨주는 건 확실하다
공짜로 부려먹거나 이런 일은 없다"며
"돈은 없지 바람은 피워야겠지
나는 이해한다"며
"돈을 안 챙겨주니까 미투가 터지는 것"이라며
"문재인 정권에서 터뜨리면서 잡자고한 것인데
뭣하러 잡자고 했느냐
사람 사는 게 너무 삭막하다"고 했다

안희정 전 충남지사의 미투사건에 대해선
"나랑 우리 아저씨(윤 후보)는
안희정 편"이라고 말했다

윤석열 후보가 정치권에 데뷔하게 된 배경에 대해
"우리가 대통령 후보가 될 줄 상상이나 했겠느냐"며
"문재인 정권이 키어준 거다
정치라는 건 항상 자기편에
적이 있다는 걸 알아야 한다"며
박근혜 대통령 탄핵 과정에 대해서도
"박근혜를 탄핵시킨 건 보수"라며
"바보 같은 것들이
진보·문재인이 탄핵시켰다고 생각하는 데
그게 아니다"라고 말했다

방송 뒤 국민의힘에서는 대체로
"크게 문제될 것 없다"는 반응이 나왔다
이준석 대표는
"후보 배우자가 정치나 사회 현안에 대해
본인의 관점을 드러내는 것은
전혀 문제가 된 일이 없다"고 했고
김기현 원내대표는
"명백한 취재윤리 위반이고 불법 증거임을 알면서
방송에 내보낸 MBC도 공범"이라고 비판했다
홍준표 의원은 "탄핵을 주도한 보수들은

바보라는 말도 충격적이고 돈을 주니 보수들은
미투가 없다는 말도 충격일 뿐 아니라
미투 없는 세상은 삭막하다는 말도 충격"
"참 대단한 여장부"라고 했다
더불어민주당은 공식입장을 내지 않았다
당관계자는 "소문난 잔치에 먹을 게 없었다
유권자 표심에 크게 영향은 없을 것으로 보인다"고
말했다

## 이명박 대통령 입원

경기도 안양교도소에 수감 중인
이명박 대통령(81)이 1월 17일 서울대병원에 입원해
당뇨합병증으로 인한 신경계 마비증세에 대한
정밀검사를 시작했다
지난해에도 3차례 외부 병원에 입원한 적이 있는데
그는 2020년 10월 대법원에서
뇌물수수·횡령 등의 혐의로 징역17년과
벌금 130억 원 추징금 57억8천만 원이
확정돼 수감생활을 시작했다

## 헷갈리네

제20대 대통령 선거
이재명 · 윤석열 · 안철수 · 심상정 · 김동연
윤석열 · 안철수 · 심상정 · 김동연 · 이재명
안철수 · 심상정 · 김동연 · 이재명 · 윤석열
심상정 · 김동연 · 이재명 · 윤석열 · 안철수
김동연 · 이재명 · 윤석열 · 안철수 · 심상정
여당인 더불어민주당 송영길 대표가
대선후보를 가리켜 고만고만하다고 해
논란이 되기도 했었다

## 친형·형수에 욕설파문

이번엔 이재명 '친형·형수에 욕설' 160분
파일 공개 파장이 일고 있다
국민의힘 '이재명 국민검증특위' 소속
장하영 변호사는 1월 18일 국회 소통관에서
기자회견을 열어 "민주당 이재명 후보의
욕설이 담긴 녹음파일 34개를
추가로 공개한다"고 밝혔다
장 변호사는 『굿바이 이재명』 저자다
이재명 후보는
"비록 말씀드리기 어려운 사정이 있긴 하지만
공인으로서 물의를 일으킨 점에 대해
다시 한 번 사과드린다"고 고개를 숙였다
"문제의 발단이 된 어머니는
이제 이 세상에 계시지도 않고
어머니에게 가혹하게 문제를 만든 그 형님도
이제 세상에 안 계신다"며
"다시는 벌어지지 않을 일이니
국민께서 용서해주시면 고맙겠다"고 했다
① MBC는 그동안
② 김대업의 의인화(義人化)
③ 광우병 사기극

④ 조국 지지집회 딱봐도 100만
⑤ 경찰관 사칭 취재 등으로 수차례 물의를 일으켰다

이제는 남이 건네준 '장물'에까지 손대다가
이재명 대선후보자와 부인 김혜경 씨의
녹음테이프를 틀지 않을 수 없게 됐다
언론의 본분과 기자의 윤리를 망각한 MBC의
자업자득이란 거다
중앙일보 김기현의 시시각각
"보통 저렇게 취재합니까?"의 이야기다
MBC의 윤석열 대선후보 부인 김건희 씨
녹음 파일 보도는 요란한 사전 예고에 비해선
딱히 놀 만한 내용이 없었다
다만 분명히 짚고 넘어가야 할 건
이런 저급한 유튜브 채널 사적 대화들이
어떻게 '공익적' 목적의 보도로 둔갑해
공영방송의 전파를 타게 됐는가다
김씨 발언에 대한 평가와는 별개다
방송 후 많은 지인들로부터
"보통 저렇게 취재합니까?"란 질문을 받았다
참으로 난감하고 허탈하다고도 했다
한편 MBC는 김건희 씨의 '7시간통화 녹음'
관련 1월 23일 2부 방송을 하지 않기로 했다
선거는 다가오는데 언론은 널뛰고
민심(民心)은 출렁거린다

## 정청래가 자극한 불심

정청래 더불어민주당 의원이 이른바
'봉이 김선달' 발언으로 불교계를 자극한 데 이어
이재명 대선후보 측으로부터 탈당을 권유받았다고
주장하면서 당내 갈등이 커지고 있다
정청래 의원은 지난해 국감에서
문화재 관람료를 걷는 사찰을
'봉이 김선달'에 빗댄 이후
골이 깊어진 불교계와의 갈등이
당내 분란으로 번지고 있는 양상이다
촛불시민연대 등 정청래 의원의 지지자
200여명은 안국동 조계사 앞에서
"조계종의 대선 개입을 중단하라"며 집회를 열었다
조계종이 정부·여당의 종교 편향을 규탄하는
전국승려대회를 21일 열기로 하자 하루
앞서 맞불집회를 벌인 것이다
당 안팎에선 정 의원 탈당 요구가 공론화되고 있다

## 전략공천 논란

국민의힘 윤석열 후보와 홍준표 의원은
비공개 만찬 회동에서
“종로에 최재형 전 감사원장과
대구 중남에 이진훈 전 수성구청장을
전략공천해 달라”는 요청을 받고
“공천문제에 직접 관여할 생각이 없다”고 밝혔다
홍 의원은 공개적으로는 선거대책본부
합류 조건으로 ‘국정능력 담보’와
‘처갓집 비리 엄단선언’을 내걸었다
권영세 선거대책본부장 등 선대본부
핵심들은 “수용할 수 없는 요청”이라며
강하게 반발했다
홍 의원은 “윤 후보와 이야기한 내용을 갖고
나를 비난하느냐”며 “방자하기 이를 데 없다”고
불쾌감을 숨기지 않았고
“윤 후보는 허수아비처럼
내시정치에 휘둘리고 있다”고 말한 것으로 전해진다

## 광주 38층 아파트 붕괴

광주광역시 38층 아파트 붕괴사고 후 1주일이 됐지만
붕괴원인도 못 밝히고 수색작업이 지지부진해
실종자 5명의 행방은 묘연하다
탐지견이 투입됐으나 현대산업개발
정몽규 회장이 사퇴한 상태 그대로다
비방전으로 얼룩진 대선정국의 닮은꼴이
아닌가 싶다

## 승려 3,500명 집회

대한불교 조계종을 비롯한 불교계가
1월 21일 서울 종로구 견지동 조계사 경내에서
'민주당 정청래 의원의 제명과
문재인 대통령의 사과'를 요구하며
전국 승려대회를 열었다
전국 사찰의 3,500여 명이 참석했다
조계종뿐 아니라 태고종·천태종·진각종 등
불교계 대부분 종단이 함께했다
정청래 의원의 '봉이 김선달' 파문에다가
지난해 성탄절을 앞두고 문체부가
천주교의 캐럴 캠페인 예산을 지원하면서
논란이 더욱 커졌다
문재인 대통령·황희 문체부장관의
개인적인 종교가 천주교라 편향논란이
더 세게 제기됐다

## 이례적 새해 추경

방역당국이 코로나19 오미크론 변이가 확산된
광주·전남·평택·안성 등 4곳에서 방역·의료 체계를
'오미크론 대응단계'로 전환하기로 했다
소상공인·자영업자 지원을 위한 14조 원 규모의
정부 추가경정예산안(추경)이
21일 국무회의에서 의결됐다
본예산 집행이 시작된 1일의 추경편성은
한국전쟁 중이던 1951년 이후
처음일 정도로 이례적이다
코로나19 장기화로 생존위기에 내몰린
소상공인·자영업자 지원이 그만큼 시급하다는 의미다
여기에 대통령선거 포퓰리즘도 한몫을 하고 있다

# 내 인생의 항해

여기저기 부딪히면서 높은 파도를 뚫고
때론 조용한 해양을 용케도 달려왔다
할 말 못할 말 주절거리면서 긴 항해
많은 이의 도움을 받아오면서
어쭙잖은 역사(歷史)라는 항해…
예까지 왔는데
대한민국 선진국 원년(元年)이란 해가
나를 우울하게 한다
대한민국 선진국 원년(先進國元年)의 해
2021년의 가슴 아픈 역사가 그렇다

## 이재명 감옥행 발언

이재명 후보는 1월 22일 송파구 석촌호수
부근에서 즉석연설을 통해
“검찰공화국의 공포는 그냥 지나가는
바람의 소리가 아니고 우리 눈앞에 닥친 일”이라며
“이번에는 제가 지면 없는 죄를 만들어
감옥에 갈 것 같다”고 말했다
김진태 ‘국민의힘 이재명비리국민검증특별위원회’
위원장은 “역시 전과 4범이라
그런지 촉이 빠르다”고 했다 그러면서
“대선에서 지면 ‘없는 죄’ 만들어
감옥 갈 것 같다고 했다
그런 걱정 안 해도 된다
‘있는 죄’로도 충분하니까”라며
대장동 업무상 배임 변호사비 대납 등
이 후보 관련 의혹을 열거했다
국민의힘 관계자는 “대장동 게이트에 연루된
이 후보가 먼저 감옥을 이야기한 탓에
스스로 부정적 프레임에 빠질 공산이 크다”고 주장했다

# 점(占)집 문지방

입시철·선거철만 되면
점(占)집 문지방에 불이난다고 했다
어제 오늘의 이야기가 아니다
대대로 내려오는 우리사회의 관행이다
무속인은 어느 사회건 존재한다
불교계의 예언자는 그렇고
기독교계에도 예수무당이 있다고 들었다
레이건 미국 대통령 부인도 점성술에
익숙했다고 전해졌다
지금 정치권에서는 무속인(巫俗人) 시비가 한창이다
정치인들의 단골집이 점집이라던데
'나는 안 그런 척' 남을 공격하는데도
뱃장이 두둑해야 할 것 같다

## 586 용퇴론

더불어민주당 내에서
586그룹 용퇴론이 번지고 있다
김종민 의원이 1월 23일
"586용퇴론이 나오면서다
지지율이 30%대 박스권에 정체 중인
이재명 대선후보를 위한 상황 반전책이다
586은 대학생 시절
군사독재에 맞서 민주화운동을 주도했고
정치를 개혁할 것이라는 기대 속에
정계에 진출했지만
지금은 기득권의 상징처럼 여겨지고 있다
당·정·청의 중심에 있으면서도 시대적
요청에 걸맞은 국정운영 능력을 갖추지 못했고
도덕적 우위에 있지도 않으면서
상대를 적대시한다는 비판도 드높았다
젊은 유권자의 신뢰를 얻으려면
이들이 물러나야 한다는 지적은 설득력이 있다
586정치인들은
자신들이 한국사회발전을 가로막는 고인물이 됐다는
비판 앞에 겸허해야 한다고
경향신문 사설은 말한다

## 이재명의 눈물

설 연휴를 앞두고 지지율 반등을 위한
총력전에 나선 이재명 대선후보는
정치적 고향인 경기 성남 상대원시장에서
가정사를 논하며 눈물을 보였다
"아버지는 이 시장에서 청소노동자로
어머니는 공중화장실에서 요금 받는 일을 했지만
행복했다"며 "힘겹고 어려운 사람에게
용기를 주고 많은 사람이 행복을 찾아갈
기회를 주는 것이 바로 정치"라고 지지를 호소했다
이 후보가 어머니 얘기를 하며 울음을 터뜨리자
"힘내세요!"라고 외치기도 했다
양평에서의 한 연설에선
대장동 특혜 의혹과 관련해
"얼마나 억울한지 정말 피를 토할 지경"이라고…

## 윤석열의 대북정책

국민의힘 윤석열 대선후보는 1월 24일
문재인 정부의 '한반도 평화프로세스'에 대해
"완전히 실패했다"고 비판하며
"윤석열 정부는 남북관계를 정상화하겠다"고 밝혔다
또 "북한이 완전하고 검증 가능한 비핵화에
적극적으로 나서면 남북 간 평화협정을 준비
전폭적인 경제 지원을 하겠다"고 밝혔다
이날 윤 후보의 공약발표에 배석한 박진 의원은
"윤 후보가 분야별 전문가 30여 명을
자문위원으로 모시고 화요일 아침마다
6차례 회의를 통해서
외교안보 미래 청사진을 준비했다"고 강조했다
선거대책본부 관계자는
"설 연휴를 앞두고 발표할 외교안보·사법공약 등
핵심 공약을 여러개 준비했다"면서
"TV토론을 앞두고
어젠다를 선점할 계획"이라고 말했다

# 문재인 정부

문재인 정부만큼 운 좋은 정부가 있을까
숱한 정책 실패에도 불구하고
이렇다 할 위기 없이 임기를 버텨온 건
과거 정부에서 넘겨받은 유산덕분이다
이 정부가 지난 4년 반 동안
곳간을 활짝 열어젖힌 것도 부족해
400조 원 이상의 빚을 내가며
마음껏 돈을 쓴 것은
과거 정부의 깐깐한 재정관리 덕에 가능했다
다음 정부는 누가 대통령이 돼도
'독박' 쓰게 돼 있다
코로나19 오미크론 비상시대
선진국 원년(先進國 元年)의
퍼주기 문재인 정부의 결산서다
아이러니하게도 과거정부를 모두 적폐로
몰아간 것도 문재인 정부다

김제방 역사서사시집

# 선진국 원년의 한국

초판발행일 2022년 02월 25일

지은이 : 김제방
발행인 : 김순진
편집장 : 전하라
디자인 : 김초롱
펴낸곳 : 도서출판 문학공원
등 록 : 2004년 3월 9일 제6-706호
주 소 : 우편번호 03382 서울 은평구 통일로 633
녹번오피스텔 501호 스토리문학사
전 화 : 02-2234-1666
팩 스 : 02-2236-1666
홈페이지 : http://cafe.daum.net/yob51
이메일 : 4615562@hanmail.net

※ 책값은 뒤표지에 있습니다.